Leser-Lasario

Drei Vokal-Gebärden-Typ-Atmungs-Bücher mit hermetischen Anklang

Mein Dank geht an Peter Windsheimer für das Design des Titelbildes. Des Weiteren an Ariane und Michael Sauter.

Für Schäden, die durch falsches Herangehen an die Übungen an Körper, Seele und Geist entstehen könnten, übernehmen Verlag und Autor keine Haftung.

Copyright © 2013 by Christof Uiberreiter Verlag
Castrop Rauxel • Germany

Herstellung und Verlag:
BoD – Books on Demand, Norderstedt
ISBN 978-3-7357-1973-7

Inhaltsangabe:

Die zehn Gebote des Atmens.

Ein Lebenswink für Alle, insbesondere für solche, die infolge angeborener innerer Verengungen und Verwachsungen an einer gehemmten oder verflachten Atmung leiden.

Gemeinverständlich dargestellt

B. M. Leser-Lasario
Atemhygieniker u. Stimmbildner

Motto:

Mutter Natur hat Dir´s befohlen,
Dein ganzer Körper soll Atem holen!

Vorwort:

Betreffs meiner neugeschaffenen Begriffswörter, wie „Volltiefatmung, Vokalmodelformenfarben, Innenmassage", „Piuu" muss ich bemerken, dass es mir hier im Rahmen einer kurzen und gemeinverständlichen Darstellung leider nicht möglich ist, die genaue wissenschaftliche Begründung meiner neu aufgestellten Begriffswörter zu bringen. Ich werde aber, sobald die Verhältnisse es erlauben, in einem folgenden größeren Werk diese Thesen ausführlich, auch mit Illustrationen auseinandersetzen.

Inzwischen bitte ich meine Schrift gütigst mit Nachdruck zu lesen und sich sogleich von der auslösenden Wirkung des 3. Gebotes „selbst" zu überzeugen.

Dass meine neue Atemlehre auch bei Ärzten und Physiologen so großes Interesse findet, freut mich umso mehr, als ich ihrer Mithilfe zum weiteren wissenschaftlichen Ausbau meines Lebenswerkes gewiss sein werde. Wie sich auch schon ein Frankfurter Spezialarzt bereitgefunden hat, mittels des Röntgenapparates Unterschiede in der Betätigung wie in der Stellung und Bewegung des Zwerchfells und der Brustwand sowie von Lunge und Herz beim Ein- und Ausatmen unter der Vorstellung bestimmter Vokale deutlich sichtbar zu machen; womit ein neues wichtiges und vor allem sehr leichtes Mittel zur genaueren Diagnostik gefunden ist!

Den Ärzten stehe ich betreffs näherer Erläuterungen gerne zur Verfügung, wie es mich auch freuen würde, ihrerseits durch Hilfsmittel Beiträge zu meinem Werke empfangen zu können.

Der Verfasser

Vorwort zur zweiten Auflage.

Da zu meiner Freude und Genugtuung die 1. Auflage 8000 Exemplaren nunmehr bald vergriffen, und da dies der beste Beweis ist, dass meine neuen aufgestellten Sätze über eine „Volltiefatmung" in weiten Kreisen Anerkennung gefunden haben, sehe ich mich veranlasst, eine zweite größere Auflage folgen zulassen. Zweck und Inhalt des Werkchens sind: Vielen Krankheiten vorzubeugen oder sie zu lindern. Erreichen kann das jeder Mensch durch Selbstzucht, durch eine vernünftige Anwendung seiner Lungentätigkeit und durch Schutz seiner Atmungsorgane. Des Menschen ganzes Leben ist doch abhängig vom Ein- und Ausatmen, und gerade diesem äußerst wichtigen Vorgange schenken wir die geringste Beachtung. Infolge angeborener Atmungshemmnisse (durch innere Verwachsungen und Verengungen) bin ich durch jahrelanges Probieren an mir selbst und dann auch an anderen (über 300) zu meinen Entdeckungen gekommen. Wenn wir beim Atmen bloß unsere Gedanken auf einen bestimmten Vokal (u, o, a, e, i) richten, so werden die Empfindungsnerven gereizt, diese reizen wieder die dazu gehörigen Bewegungsnerven des Zwerchfells, das sich bei jedem „geformten" Atemzuge nach unten besser verflacht und so der darüber liegenden Lunge einen größeren Raum und damit eine „größere Ausdehnungsmöglichkeit zukommen lässt."

Je tiefer wir atmen können, d. h. je mehr die Lungen sich mit frischer Luft füllen, desto mehr kann der Verbrennungsprozess in Herz und Lunge, d. h. die Reinigung des Blutes von nicht verwendbaren Stoffen und die Vernichtung von Bazillen vor sich gehen, die wir durch Staub, Rauch, Abfälle bei Betrieben usw. bei jedem Atemzuge in uns aufnehmen. Durch meine zielbewusste, konzentrierte Volltiefatmung wird gleichzeitig die Blutzirkulation gesteigert, wodurch dann die noch im Zellenstaat versteckten unausgeschiedenen Schlacken der Stoffwechselprodukte besser durchgespült (ausgestoßen) werden und dabei noch unendlich viele schlummernde Kräfte zu neuem Leben in uns geweckt werden. Je mehr der Mensch im wachen oder schlafenden Zustände durch den geöffneten Mund statt durch die Nase atmet, desto mehr liegt die Gefahr einer Erkrankung der Atmungswege vor, weil einmal – bei kaltem Wetter – die Nase die sie durchstreichende Luft erwärmt, zum anderen der in der Nase befindliche Klebstoff und die Härchen die Bazillen auffangen und dadurch gar nicht in die inneren Luftwege gelangen lassen, und so dem größten Feinde der

6

Menschheit, der Tuberkulose, den Nährboden entziehen.

Gerade den Personen, die einen großen Teil des Tages in „gebeugter" Stellung arbeiten, und dazu noch die von vielen Menschen oder Qualm verunreinigte, stickstoffhaltige Luft einatmen müssen, soll durch mein Schriftchen Gelegenheit gegeben sein, selbst, ohne Geldausgaben oder Medikamente sich allein durch eine geformt, geregelte Voll-Tief-Ein- und Ausatmung nach „getaner Arbeit" in wenigen Minuten praktischer Übung helfen zu können. Nur „leere" Flaschen können „frisch" gefüllt werden.

Da eine hinreichende „Ausatmung" ebenso äußerst wichtig ist wie die „Einatmung", so sah ich mich genötigt, auch hierfür ein leicht fassliches Mittel zu erfinden.

Das immer wachsende, innere Bewusstsein einer seelisch konzentrierten Atmungsweise, hat nicht nur allein stärkende und fördernde Wirkung auf's Gehirn und die von demselben aus geleiteten Organe, sondern auch eine außerordentlich günstige und hebende Wirkung auf Moral und Ethik. Erfreulicherweise konnte ich dies bei manchen oberflächlichen Menschen schon nach kurzer Zeit feststellen; z. B. konnte mir eine leichtlebige Patientin schon nach 2 Monaten, ein anderer nach 8 Lektionen diese erfreuliche seelische Umwandlung mitteilen.

In einer Zeit des größten Mammonismus gereicht es mir zur besonderen Freude, eine ganze Reihe von Fabrikanten, Direktoren anführen zu können, die sich die Verbreitung meines Lebenswerkchens im Interesse der atemnotleidenden Menschheit haben angelegen sein lassen:

- Chemische Werke „Elektron"-Griesheim,
- Chemische Fabrik Oehler, Offenbach a. M.
- Cassela-Werke, Mainkur-Frankfurt a. M.
- Fuldaer Stanz- und Emaillir-Werke, F. C. Bellinger,
- Gummiwerke Fulda, Akt.-Ges.,
- Eisengießerei Heiligenstaedt & Comp. Akt.-Ges., Gießen,
- Fittingsfabrik Gesellschaft m. b. H., Benninger, Gießen,
- Diskus-Werke, Frankfurt a. M-Fechenheim u. v. a.

Letztere erwarben bei mir die Lizenz zum Nachdruck einiger Auszüge für ihre Merkbücher aus meinen 10 Geboten. Diesen verdanke ich es, dass es mir möglich wurde, in so kurzer Zeit der ersten Auflage eine zweite verbesserte folgen zu lassen.

Frankfurt a. M., Weihnachten 1918. – B. M. Leser-Lasario.

Motto:

**Hast Du darüber nachgedacht,
Dass die „Form" das Gesicht auch macht?**

„Und Gott blies in seine (Adams) „Nase" den Odem des Lebens"

Die alten Kulturvölker haben bei all ihren religiösen Handlungen den Atem mit besonderer Ehrfurcht und Sorgfalt gepflegt. Dies wird durch ihre Waschungen, Körperstellungen und, laut Jehovah preisend und singend, durch Wort und Schrift an vielen Stellen bekundet.
Heute aber im 20. Jahrhundert, im Hasten und Jagen nach Mammon, wird alles andere eher berücksichtigt, als das Hauptsächliche für unser aller Gesundheit, der Atem.
So kommt es trotz der vielen Schriften und schablonenhaften Aufklärungen, sowie hygienischer Maßnahmen, dass die Tuberkulose immer mehr und mehr um sich greift. Hat sich jemand nun gefragt, was wirklich die Hauptursache dieses grausamen Weltübels ist?
Oft schützt man Vererbung vor, wo keine vorliegt, weil man sonst keine Erklärung weiß. Kurz gesagt: Dieser Satan verbreitet sich einzig und allein so sehr wegen mangelnder Berücksichtigung der Atmung der Jugendlichen seitens der Eltern und Lehrer.
In den verschiedenen Gesellschaftskreisen des In- und Auslandes fand ich zu meinem großen Entsetzen, dass man große und kleine Kinder mit geöffneten Munde atmen lässt, ohne sie darauf aufmerksam zu machen, wie schädlich es ihnen werden kann.
Kommt es doch oft vor, dass Menschen mit weiten sonst gesunden Respirationsorganen, die einmal längere Zeit einen Schnupfen unberücksichtigt gelassen haben, sich angewöhnen, mit offenen Mund zu atmen, ja dass ihnen dies zur zweiten Natur wird, oder eine momentan geringfügige Nasenwucherung bleibt unberücksichtigt und schon ist das Übel da.
Gerade den einfachen Volkskreisen müsste es schon wegen ihrer engen Räumlichkeiten doppelt ins Herz geschrieben werden: „Mütter achtet auf die Nase eurer Kinder!"
So komisch und eigenartig mein Satz vielleicht klingen mag, glaube ich

8

felsenfest, dass es Pflicht der Regierung wäre, in den „Eheverträgen und in den Schulbüchern" einen Satz einzufügen, der auf den einzigen richtigen Weg der Atmung hinweist.

Was nützen all die großen Geldopfer für Ferienheim und Luftkurorte für Lungenkranke Kinder, wenn die Unwissenheit vieler die Schuld an der Gesundheit trifft.

Warum ich diesen sonst selbstverständlichen Satz so sehr betone? Weil eben durch seine „Selbstverständlichkeit" die Leute es nicht berücksichtigen. Infolge meiner Studien hatte ich besonders Gelegenheit, mit vielen Asthmatikern, Lungenkranken in Berührung zu kommen, welche mir alle berichteten, in ihrer Kindheit mit offenen Mund geatmet zu haben. Ist doch wissenschaftlich nachgewiesen, „dass ein jeder Mensch in sich Bazillen verschiedener Art trägt," und nur der durch die „Nase" geläuterte Sauerstoff kann allein die Bazillen vertilgen. Hat aber falsche Atmung Platz gegriffen, so werden die Organe und die Widerstandsfähigkeit der Blutzirkulation brachgelegt und die momentan noch wenig anhaftenden Bazillen finden fruchtbaren Boden.

Punkt II: Aus was für Weisungen und Mitteln bestehen all die bisherigen Atmungsmethoden?

Wenn man Einblick in viele Bücher hat, kann man die Überzeugung nicht unterdrücken, dass alle Übungen nach einer „äußern" Schablone zugeschnitten sind, wie: „Strecken sie den Bauch heraus! Heben sie die Hantel! Steigen sie Berge! Treiben sie Sport! Gehen sie viel in frischer Luft" usw. Hat sich denn bis jetzt niemand gefragt: Was nützen all die schablonenhaften Maßregeln, wenn die Organe durch angeborene Verwachsungen und Verengungen (bei denen nicht operiert werden darf) diese befolgen können. Kurz gesagt: Was taugt der beste Wein, wenn die Falsche verstopft ist? Oder was nützt für solch innenverwachsene Organe (verstopfte Falschen) der Befehl des Arztes: „Trinken sie das Sodener Wasser!" (Das Wasser kann doch nicht in den verseuchten Kehlkopf oder in die Lunge hineinkommen!). Oder sie müssen fleißig Bäder nehmen und ihre Haut frottieren lassen. Oder glauben sie denn die Leute, dass Medikamente, wie „Pillula helvetia" (Schweizer Pillen) oder Spülungen beißenden, reizenden Klystiere, welche den zarten Darmschleimhäuten eher schaden als nützen, auf Dauer wirken? Oder schwere verschuldete Leiden wie Arterienverkalkungen, welche welche größtenteils durch gutes Essen und Trinken und Bequemlichkeiten, insbesondere durch „mangelnde Spannung des Blutes" mit der des Sauerstoffes entstanden sind – durch „äußere" bequeme

Massagen wirklich zu lindern sind? All diese bedauernswerten Leiden können einzig und allein von „innen" heraus, und zwar „durch sich selbst geheilt" werden.

Diese müssen vor allem ihren verschimmelten Pharmaziekasten (Nerven) geöffnete bekommen. Auf psycho-physiologischem Wege, durch zielbewusste individuelle, d. h. jedem einzelnen Individuum anpassende Formen und seelische Farbensprachempfingungen können entartete Nerven ihren Reiz erlangen. Dieser sensible Reiz löst dann in diesem natürlich physiologische Funktionsgefühle aus, welche dann die Atmungsmuskulatur richtig in Bewegung setzen.

So gut wie die Menschen ihre Kräfte durch „falsche Funktionen" hemmen, kann ein geformter Wille durch „richtige Übung" und im Gebrauch der Muskeltätigkeit diese allmählich steigern. Je mehr die Muskelkräfte in harmonischer Tätigkeit ihr Zellengewebe zersetzen, desto geregelter wird das verbrauchte Blut durch neues, frisches ersetzt.

In einer Broschüre betitelt „Nervenkraft durch Atmung mittelst Gedankenkonzentration" gibt der Autor eine Reihe schöner Phrasen, wie „Ballen sie die Faust zusammen! Setzen sie sich bloß mit dem Gedanken: Ich will frische Luft atmen ans Fenster" usw.

Ja, was nützt dem innerlich in den Atmungswegen verengten, verpappten formlosen Kranken der Befehl, wenn ihm nicht die seelische „Form" d. h. der individuelle Weg gezeigt werden kann, wie er seinen Willen zur Gewinnung richtigen Atmens (der Materie) durchsetzen kann. Sollen all diese ins Ungewisse befohlenen „äußeren" Schlagworte, „Mätzchen" wirklich den philosophischen Begriff „Konzentration" verdienen? Nach meinen Begriffen ist Gedankenkonzentration eine zielbewusst Reihenfolge von „positiven", inneren und äußeren Wahrnehmungen auf einer bestimmt geformten Richtungslinie oder einem Punkt oder einer Zahl. Diese geformte, zielbewusste Konzentration verursacht in der beim Kranken formlosen, zerfahrenen Materie erst eine Gebundenheit nach der geformten Hohlraumordnung, gleichsam ein „Ineinanderketten", ein innerliches Zusammenziehen. Sie malt, baut, meißelt sich einen geformten Weg zu der in oberflächlichen Empfindungsreize befindlichen Materie.

Beispiel: Wenn man in einem sehr weiten, dunklen Hohlraum etwas Unsichtbares (hier die Materie) aufsuchen soll, wird es doch von dem Suchenden (Atemhaschenden) sicher viel leichter erreicht, wenn man ihm vor allem den Schlüssel (die Form) gibt oder den Weg, die Richtung zeigt, wo er den unsichtbaren Gegenstand (Materie) auffinden kann.

Löst doch schon jede kleinste Vibration in der Gedankenverschiebung einer „bildlich gedachten Vokalform" gleichzeitig im unteren Hohlraum des Windrohres (Lunge) eine Variation in der Atem-Saugdruckspann-empfindungsfunktion aus, durch den durch die wahrgenommene Konzentrationsform verlängerten Lungenhohlraum.

Gerade in der Atem- und Gesangskunst wird mit physiologischen Begriffswörtern gar viel gesündigt, wie in der angeführten Broschüre mit dem Worte „Gedankenkonzentration", wo es eher um das Gegenteil, „Gedankenleere" heißen sollte; oder wenn man vom Decken eines Tones redet, aber bloß geknödelt wird, oder man sprich vom „Gefühl" und wird nur eine sensitive Empfindung wahrgenommen! Nur ein vom Grund aufrichtiges, nicht mechanisches Denken und inneres Miterleben kann das richtige Sprachgefühl und somit den richtigen Ausdruck der wahren Begriffsempfindung auslösen.

Diese marktschreierischen Schlagwörter können den nicht genug Eingeweihten wohl blenden, aber Nutzen bringen sie ihm nicht. Weil die meisten der bisherigen Gesangsgelehrten und Physiologen der Bequemlichkeit wegen nur von der Oberfläche der schwebenden Empfindungen schöpfen, ist ihnen der wahre seelische Begriff in Wirklichkeit fremd. Drum ist auch auf diesem psycho-physiologischen Gebiete bisher leider noch so wenig „positives" geleistet worden. Atem und Gesang bedeuten aber ein Stück Gesundheit, bedeuten Leben, daher muss man tief in die Seele hineingreifen können.

Auf die Befehle kommt es nicht an
Sondern wie es vollführt werden kann.

Der große Feind der Menschheit, die Tuberkulose, sowie ihre Vorboten der angeblich harmlose Schnupfen, leichter Rachenkatarrh, Nasenverstopfung, Schleimauswurf, Kopfbenommenheit oder der Beginn einer „lästigen", spannend ziehend, dumpfen „Druckempfindung", schlechte Verdauung und kalte Füße, grassiert jetzt besonders im 4 Kriegswinter, wie nie zuvor. Die Unterernährung, die kalten Wohnungen, der Mangel an warmer Bekleidung, alles ist dazu angetan, unsere blutarme schwache Menschheit diesen bösen Krankheitsfeinden auszuliefern.

Müsste sich da nicht jeder einzelne fragen: Wie kann ich nun meinem Körper gegen all diese tückischen Feinde am besten Widerstandsfähigkeit verleihen? Nicht jedem ist es möglich bei jedem leichtem Katarrh gleich

11

den Süden aufzusuchen, und auch Medikamente und sonstige vernünftige Lebensweise können oftmals hier keine Heilung geben.

Hier ist nur „ein" Faktor der helfen kann: „Meine individuelle geformte, zielbewusste natürliche Atemführung", die dem ganzen Körper ein Wohlgefühl und Behagen verleiht, das dieser arme Körper nie zuvor in seinem Leben empfunden hat. Es ist dies eine durch sich selbst immer mehr und mehr in „feste Formen" gespannte und gesaugte „Innenmassage". Diese Atemführung bildet die ganze Blutzirkulation, wirkt „beim Gesunden vorbeugend" und beim Kranken heilend. Man muss eine richtige Volltiefatmung erlangen, um Krankheiten vorzubeugen.

Auch in den Schulen wird gegen die Atmung viel verstoßen. Die Jugend ist leider weit von der bewussten Psyche entfernt, weil die ganze heutige Erziehung zeigt, wie das Kind von Geburt an in Schule und Haus „nur nach außen hin" automatisch, schablonenhaft, nachahmend erzogen wird. Außerhalb der gewöhnlichen Turnübungen wird hier sehr wenig getan. Nach meiner Meinung müsste gerade bei den engbrüstigen, schwachen, sogenannten stimmlosen Kindern die Atmung nicht bloß des schönes Gesanges wegen, sondern der besseren „Lungenarbeit" und somit der gesteigerten Blutzirkulation des Kindes wegen viel mehr getan werden. Solche engbrüstige, schwache Kinder werden, weil sie nicht singen können, leider nicht nur von den Lehrern, sondern „auch von Ärzten" vom Gesange dispensiert. Da möge man sich nicht wundern, wenn der Staat nicht genügend Ferienheim und Erholungsstätten für diese Bedauernswerten zur Verfügung hat.

Gerade auf dem Gebiet des Atmens und Sprechens wird in der Schule noch sehr viel gesündigt. Nicht jeder Lehrer ist mit „den Gesetzen" der „Atmung" und ihrer „richtigen Verwertung vertraut" und sehr viele schätzen die Wichtigkeit einer guten Atmung viel zu gering ein. Wohl ist in Deutschland in dieser Hinsicht vieles im Besserwerden – insofern die Gesangslehrer – wenigsten solche an höheren Schulen – sich einer staatlich Prüfung zu unterziehen haben, die gerade auf die Punkte Atmung, Phonetik, Tonbildung wert legt. Allein das Wenige, was noch in der Gesangstunde in der Hinsicht erklärt, erläutert und beachtet wird, geht in anderen Stunden oft wieder verloren. Insbesondere in den Lehrerbildungsanstalten wäre es von unermesslichen Wert, speziell was Atmung und Phonetik betrifft, mehr in genetisch-physiologischer Richtung und auch „praktisch" in allen Varianten Vokalfarbenformen nach meinen „neuesten Atmungsthesen" zu unterrichten; denn eine nicht geringe Zahl Lehrer leidet – infolge falscher phonetischer Bildung der Sprachlaute, infolge bruchteiliger Muskeltätigkeit und Überreizung einseitig oberflächlicher Stimmbandtätigkeit – selbst an Stimmstörungen, Katarrhen, Heiserkeit und dergl. mehr. Auch für den Unterricht in den Oberklassen der Schulen wäre es zum Wohle der heranwachsenden Jugend von unermesslichen Wert, dass speziell der Atmungsunterricht nicht allein „mechanisch" (soweit es eben die Mechanik „des betr. Organismus augenblicklich ermöglicht") wie es leider üblich ist, sondern auch „physiologisch" streng individualisiert wird. Mit solchem Unterricht wäre vielen Kindern, insbes. Den enggebauten, „innen" verwachsenen und verpappten und dabei noch enggekleideten Zukunftsmüttern, geholfen. Ist doch bei diesen bedauernswerten Individuen allein schon eine genügend innere Atemgefühlsempfindung (Saug-Druckspannung-Materie) nur ganz oberflächlich möglich, weil durch die angeborene innere asymmetrische Formlosigkeit, die Atmungsmechanik entfremdet oder brachgelegt ist. Diese schwachen Kinder müssen erst recht zu einer „physiologisch-geformten" Atmung herangezogen werden, bevor sie am Gesange teilnehmen. In dem Augenblick, wo sie in sich den Atem in zielbewusster, „konzentrischer", genetisch-physio-logischer Vokalform-Empfindung „positiv" wahrnehmen können, wird dann auch ein und derselbe Vokal in seiner wirklichen Form besser und freier erklingen können.

Ist doch Atmen nur „Gefühlssache" –, gerade wie das Singen. Wenn auch letzteres mehr als „Luxussache" betrachtet wird, so ist doch ersteres für unser aller Gesundheit eine allzu bittere Notwendigkeit. Gerade für solche spezielle Fälle (und deren gibt es leider sehr viele), wo jeder Befehl, „jedes äußere Schema versagt", kann nur zielbewusste, „geformte Gedankenkonzentration" die Atemtätigkeit anregend beschleunigen, wie ich es an mir und vielen Leidensgenossen seit Jahren mit großem Erfolg erprobt habe.

Den täglichen Zeitungslesern empfehle ich nun von ganzen Herzen, um endlich zur Einkehr in ihr besseres Ich gelangen zu können, dass sie täglich standesamtlichen Berichte, wie ich schon seit Jahren, nicht bloß nach Verwandten und Bekannten, sondern in uneigennütziger Art der vielen unbekannten jugendlichen „natürlichen" Todesfälle nach der „Jahreszahl" lesen mögen. Ich glaube, wenn man nur ein bisschen Herz auch für andere übrig hat, wird dann das eigene noch pulsierender werden, denn all die Millionen, welche in ihrem besten Alter von der Schwindsucht hingerafft wurden, sind in erster Reihe ein Opfer falscher oder ungenügender Atmung. Nicht allein die Volksklassen: Fabrikarbeiter, Drucker, Bäcker, sondern

13

auch die gebildeten Stände werden von den Todesbazillen betroffen. Insbesondere der Bureaumensch, sowie der schaffende und produzierende Künstler, Kapellmeister, Musiker, die in ihren Luftdichten Kästen hocken. Sie alle sind ihren Lungen sehr viel schuldig.

Aus dem hier gesagten geht hervor, dass die zur Atmung notwendigen Muskeln bei jedem verschieden sind, gerade wie die Gesichter verschieden sind. So muss ich aus innerster Überzeugung schon deshalb im wahren Sinne des Wortes „streng individuell" in der Diagnostik und den Übungsvorschriften vorgehen.

Ich habe daher beschlossen, der leidenden Menschheit zum frohen Osterfeste aus meiner Werkstatt einige Winke zu erteilen und nenne diese:

Die 10 Gebote des Atmens.

1. Bereite Dich stets für die Atmung wie zu einer heiligen Handlung vor.
2. Nehme bei allen Atemübungen
   a.) eine frei, bequeme Körperhaltung ein, dafür aber „konzentriere"
   b.) Deine Gedanken für die kommende Handlung mit der Absicht, dein eigener Kontrolleur zu werden.
3. Achte stets, wo Du auch seist,
   a.) dass Du mit geschlossenem Munde durch die Nase atmest,
   b.) dass Du mit dem Gedanken auf eine bestimmt gewählte Vokalform, z. B. o in „Gott", mit „ehrfurchtsvoller" Miene – etwa 3 Sekunden einatmest,
   c.) dass Du, je nach persönlichem Können den Atem möglichst lange anhältst.
   d.) dass Du auf 5 Sekunden Dauer fast gänzlich ausatmest (hinausbläst!) als wenn Du auf den Namen „Piuu" pfeifen wolltest.
4. a.) Vermeide jedes Räuspern, denn dies verursacht stets neue Entzündungen.
   b) Reize nicht deine Schleimhäute durch übermäßiges Rauchen oder Trinken!
5. Vermeide sämtliche „einengende" Bekleidung.
6. Lüfte früh und abends Deine Wohnung.
7. Versuche möglichst laut und deutlich zu reden mit besonderer Berücksichtigung des „gedehnten" e oder i Vokals, wie z. B. Segen, Leben, Liebe.

8. Nütze bei allen Ausflügen die Zeit nicht nur zum Wandern, sondern auch zum edlen Volksgesange aus.

9. Freue Dich, wenn Natur Dir Sonne spendet; nütze sie bei jeder Gelegenheit aus. Wenn Du reisest, verleide nicht Deinen Nachbarn die Freude an der Natur mit den beliebten, meist der Nervosität entsprungenen Redensarten, wie: „Es blendet" oder „Es zieht".

10. Erfülle Deine humane Pflicht, indem Du verirrten, blinden kranken Menschen den natürlichen Weg zeigst, auf dem sie wandeln sollen, damit sie in erster Reihe gesund werden und dadurch dem Vaterland nützen können.

Theorie in Praxis umzuwandeln,
ist die Frucht von gesundem Handeln!

Ergänzung zum 3. Gebot.

I. Man achte strengstens darauf, dass die Gedanken auf die reine stumme „physiologische" Urform des O Vokals haargenau fixiert werden.

II. Gleichzeitig achte streng darauf, dass Deine stumme „physionomische" (mimische) Mundformstellung „treu" auf die bildlich gedachte abgerundete O Vokalform eingeteilt werde, d. h. bei geschlossenem Mund, mit abgerundeten Lippenverschluss, dann erst versuche (in dem durch die gedachte Form entstandenen Hohlraum) recht tief den Atem einzusaugen usw. Nachdem Du diese geformte Ein- u. Ausatmung ausgeführt hast, atme nach Deiner „alltäglichen" (formlosen) Gewohnheit, und vergleiche die Resultate zu Deiner „jetzigen", seelisch geformten Ein- u. Ausatmung nach Heben der Brust, Einziehen des Bauches, inneren Druckes, dann wirst Du sehen, wie wundervoll diese „einfach natürliche Atmung" in Deinem Inneren gewirkt hat. Dort wo die orthopädischen Leisten – Modellformen nicht angelegt werden können –, sollen meine psycho-physiologische Vokalmodell-Atmungsformen die brachliegenden inneren Weichteile allmählich elastisieren. So haben meine lang anhaltenden, intensiveren Volltief-Ein- und Ausatmungsmassagen auf der gedachten „U"-

Vokalform bei Stuhlträgheit, „OA" bei Brustschmerzen, „E" bei Halsschmerzen usw., frappierende Erfolge ausgelöst. Bei zweckentsprechender Anwendung dieser Atmungsformen, wirken die durch meine „Neuen Atmungslehren" hervorgerufenen verschiedensten Formgestaltungen in unserer Atmungssäule auf unsere Atmungs- und Nachbarorgane viel befreiender, als durch einen sicher gelenkten Saug- und Massageapparat, weil wir direkt mit der Heilwirkung des belebenden Sauerstoffes in Verbindung treten! Die mehrere Sekunden konzentrierte Form und das lang andauernde Atemanhalten u. Ausatmen auf derselben zwecks spannend u. entspannender „Innenmassage" soll jedem Menschen zur psycho-physiologischen Selbstzucht erziehen! (Ausführliches im nachfolgenden größeren Werk)

III. Bei Herzleidenden ist das „Atemanhalten" nur mit „großer Vorsicht" zu üben, und zwar sollen solche eine „helle" Vokalform, wie e oder a, mit freundlichem Gesichtsausdruck und etwas lachender Miene (wie im Worte Leben, Lachen) fixieren, und soll der Herzleidende zu Anfang nur 2 Sekunden einatmen und 1-2 Sekunden den Atem anhalten. Erst wenn er Herz und Lunge an diese Atemform gewöhnt hat, sodass sie ihm leicht fällt, kann er das Anhalten **allmählich** sekundenweise zu verlängern suchen. Selbstverständlich sind Atemerholungspausen dringend notwendig. (Dauer der Übung zu Anfang nicht mehr wie 3 Minuten). Falsch-Atmer, welche nur aus „Angewohnheit" durch den Mund atmen, müssen sich gewöhnen, durch die Nase zu atmen. Um das zu erreichen, empfehle ich während des Schlafens eine Backenbinde um den Kopf zu legen, damit das Kinn an den Mund gezogen und der Mund geschlossen wird. Es bleibt dem Falschatmer dann nichts übrig, als den einzig richtigen Weg durch die Nase für Ein- und Ausatmen zu benutzen. Nasenwucherungen müssen schleunigst beseitigt werden. Die durch eine „zielbewusste", (nur ab und zu) seelisch geformte Atmung geregelte Körperwärme, ist bei der „unbewussten" Atmung nachwirkend!

Das „Schön-Spielen sollen"
ist wie „Schönsein wollen"
eine Luxussache.
doch, atmen können

zu jeder Zeit
bitt're Notwendigkeit!

Gerade jetzt, wo so manch gesundes Herz infolge der lang anhaltenden Unterernährung geschwächt ist, müsste ein jeder denken lernen, wie er Lunge und Herz am leichteren vor eventuellen Notfällen schützen kann. So habe ich selbst mit meiner derzeitigen normalen Lungen- und Herztätigkeit am eigenen Leibe vor kurzem erlebt, wie man leicht durch unvorhergesehene Vorkommnisse sein gesundes Herz in Gefahr bringen kann.
Als ich mit dem letzten Nachtzug von Frankfurt nach Bad-Homburg zurückkehren wollte, musste ich – um den Zug nicht zu versäumen – rasend laufen. Das von mir erreichte Abteil war voll von Zigarrenrauch, sodass durch diesen und die sehr erregte Lungen- und Herztätigkeit fürchterliche Herzkrämpfe sich einstellten, deren ich allerdings durch meine zielbewusste Volltief-Ein- u. Ausatmung – bei mittlerweile geöffnetem Fenster – Herr wurde!
Nachdem ich mich von den Krämpfen und Schwindelanfällen nun erholt hatte, dachte ich unwillkürlich über die täglich, ja stündlich unvorhergesehene, unglückliche Todesopfer so vieler Schlaganfälle nach. Nur ein gesundes Denken konnte mich augenblicklich aus dieser fatalen Situation retten. Wer weiß, ob auch ich nicht in der Elektrischen zusammengebrochen wäre, wie so viele, die durch Zufälligkeiten ihr Leben aushauchen müssen. Durch Zufälligkeit kann so manches normale Herz in einen anormal formlosen Chaoszustand versetzt werden, wo es keine Hilfeleistung zu erwarten hat. Hier heißt es: „**Hilf dir selbst**" aus deiner entarteten inneren Formlosigkeit und zwar durch einen geformten, frischen Atemzug.
Als ich vor kurzem durch den Hauptbahnhof ging, beobachtete ich eine größere Anzahl von Kindern die zur Erholung nach auswärts sollten. Da die meisten von ihnen in dem qualmerfüllten Bahnhof mit offenem Munde dastanden, machte ich eine Reihe von Müttern auf das Schädliche dieser Atmungsweise aufmerksam, erhielt aber abfällige, ungehörige Antworten. Sie meinten, die Kinder werden sich in Bad-Nauheim in 5 Wochen schon erholen. Und das bei einer solch verkehrten vernachlässigten Atmung!
Einer meiner Freunde, Geschäftsführer eines Pianofortehauses in Frkfrt. a. M., erkrankte auf einer Geschäftsreise an Lungen- und Rippenfellentzündung und war binnen 5 Tagen tot. Obgleich ich ihn oft gebeten habe, meine Volltiefatmungsmethode auch praktisch nur einige Minuten täglich

17

zu befolgen, glaubte er keine Zeit dafür zu haben. Die Folge war, dass er dann nicht stark genug war, der ihn befallenden Krankheit Widerstand zu leisten!

Dem Vater einer Schülerin, die zur Wiederherstellung ihrer Gesundheit (akutes Lungenasthma) bei mir in Behandlung ist, riet ich, sich selbst auch an dem Unterrichte zu beteiligen, da mir schon der Klang seiner Sprache zu denken gab. Er lehnte freundlich ab, weil er glaubte, dass er es nicht benötige. Nun ist derselbe während der Zeit der Drucklegung meiner ersten Auflage an einer schweren Lungen-Rippenfellentzündung erkrankt, sodass er fast 5 Wochen mit hohem Fieber zu Bett lag. In seiner Not griff er schnell zu meinen geformten Atemübungen, um sie während seines Erholungsurlaubes tüchtig durchzuüben.

So ähnlich erging es einem Direktor einer großen Betriebsleitung, dessen Streben nach „Mammon" ihn abhielt, seine durch Betriebsstaub und Bazillenluft ermatteten Lunge zu trainieren. Nachdem bei ihm schon frühzeitig „Arterienverkalkung" Platz gegriffen hatte, nun noch jetzt – bei der spanischen Grippe-Wanderung – ein Lungenspitzenkatarrh hinzutrat, lud er mich dringend zur praktischen Erläuterung meines 5. Gebotes ein. Ebenso ist das vor kurzem allzufrüh erfolgte Ableben eines bekannten Frankfurter Künstlers und Kritikers zu beklagen, der meine warnende Worte nicht beachtete. Erfreulicherweise blieben alle meine gut trainierten, voll-tiefatmen den Patienten, wie auch ich selbst vom Schreckgespenst der Grippe verschont. Ist doch vom Reichs-Gesundheitsamt erwiesen worden, dass die Krankheit nur dann einen ernsten Charakter annimmt, wenn die Lunge mitergriffen wird.

Ich will nun hoffen, dass alle Klassen von Menschen, Reiche wie Arme, endlich vernünftig werden und von meinen kostenlosen, natürlichen Volltief-Atmungsmittel Gebrauch machen werden, um Krankheiten vorzubeugen! Denn beide sind beim „Kranksein" zu bedauern, nur mit dem Unterschied, dass die Namen der Krankheiten verschieden sind, so z. B. findet beim Reichen die „Arterien-Verkalkung", beim Armen die „Tuberkulose" leicht fruchtbaren Boden.

Auch ist es für Jedermann ratsam, sich im Rauchen und Trinken zu beschränken, denn beide Gewohnheiten üben auf die zarten Schleimhäute der Atmungs- und Verdauungsorgane üble Reizzustände aus. Und je mehr man sich einschränkt, desto leichter fällt die Entwöhnung. Ist es doch besser das gesundheitspendende, göttliche Medium der Luft deiner Lunge zuzuführen, als das giftige Nikotin. Baue nicht auf deine vielleicht jetzt noch gute Gesundheit, dass du denkst, jetzt daraufhin noch sündigen zu dürfen. Es wird sich dennoch rächen! Herzverfettung, Leberschrumpfung, sowie Nierenerkrankung und Verblödung u. v. a. sind Folgen von Trunksucht, an der leider auch schon große Männer (Künstler) frühzeitig zu Grunde gingen.

Wenn ich diese Erlebnisse hier anführe, tue ich es nur zur Belehrung und Vorbeugung, wie man sich in Notfällen durch einen gesunden Gedanken helfen kann und dann auch, weil es bis jetzt von Niemanden der Mühe Wert gefunden wurde, solch äußerst wichtige Zufälligkeiten festzustellen und aufzuzeichnen.

Und nun hoffe ich, dass durch das intensivere Sichhineinleben in meine seelisch geformte Atmungslehre, auch die Seelen der Menschen zueinander sich finden und in ihrer Tätigkeit ineinandergreifen, wie die Räder eines Uhrwerkes, damit das Chaos der Klassenunterschiede schwinde zur Ehre der Wahrheit und sozialen Gerechtigkeit.

ENDE

Atem ist Leben

Die neue Vokaltyp-Atmungsmethode
Der Mensch reguliert seine Blutzirkulation selbst
Die 4 Grundpfeiler des neuen Atmungssystems

Gemeinverständlich dargestellt von
B.M. Leser-Lasario
Atemhygieniker und Stimmbildner

Vorwort zur III. Auflage.

Neu entdeckte Wege zur Vorbeugung von Krankheiten und Verjüngung des Körpers!

Gib den Gedanken die „Form"
Die gibt Dir dann die Seele —,
Fühl′ Sie als Lebensnorm;
Dass Deine Kraft sich stähle.

Meines Erachtens führt jeder Kranke während seines Leidens einen psycho-physiologischen Krieg mit sich. Dieser findet in unserem großen Zellenstaat statt, und zwar zwischen dem gut funktionierenden und dem brachliegenden Zellengewebe.

Gelingt es dem Erkrankten, sein brachliegendes Zellengewebe zu elastisieren, d. h. die mit Fremdkörper und allerhand Schlacken belasteten Blut- und Körperzellen auf natürlichem Wege von „innen" heraus zu entlasten, dann hat er den Krieg gewonnen. Er ist gesund! Bevor ich diese Erkenntnis erlangt hatte, musste ich gar viele Leiden, viele grausame Kriege über mich ergehen lassen, um ein segensreiches Neuland betreten zu können.

Durch angeborene Verwachsungen und Verengungen hatte ich schon seit frühester Jugend gegen eine dauernde Atemnot zu kämpfen. Diese Not, mein qualvoller Zustand zwangen mich, selbst den Weg zu „Mutter Natur" zu finden und, von den Tiergebärden ausgehend, nach meinem neuen heilbringenden psycho-physiologischen Gebiet zu wandern.

Nach mühseliger Forschung und Experimentierung an meinem eigenen Körper entdeckte ich zum Heile der leidenden Menschheit, dass unsere verborgenste Urkraft in der Urgenetik der Vokalgebärde schlummert, welche durch die von mir allmählich ergründete psycho-physiologische Form (Vokal-Atmungs-Modellform), die noch in unserem (verschleierten) „wahren Ich" schlummernde Materie (Zellen) wachrütteln und beleben kann. Die im Allgemeinen instinktive, mechanisch angetriebene unwill-kürliche „formlose" Atmungsfunktion, musste ich – um leben zu können – in eine willkürliche „geformte" Lebensfunktion umbilden. Für mich war Atmen eine der hehren Lebenskünste. Wird doch jede Kunst durch die

Form gestaltet. In den Formen lebt der Geist. Die Griechen kamen durch das Studium der schönen Formen zur Blüte ihrer bildenden Künste. Auch die Materie, (wenn sie Verwertung finden soll), harrt stets auf die Form, weil sie nur da ist, um geformt zu werden, damit sie uns lebende Kräfte (Energieentfaltung) spende.

Und so gelang es mir durch meine psychischen Vokalformen allmählich meine in mir schlummernde, brachliegende Materie zum Leben zu wecken. Alle unsere zielbewusst geformten Gedanken, Vorstellungen bestimmt gedachter Vokale sind imstande, einen mächtigen Einfluss auf die funktionelle Tätigkeit unserer unwillkürlichen Organe auszuüben.

Je intensiver die Reinheit eines stumm gedachten, plastisch vorgestellten Vokals mit dem Vokale eigentümlichen Gefühlston innig verknüpfte psychische Form und Farbe empfunden wird, wie z. B. beim „I"-Vokal helle und heitere –, beim „O" dunkle, ernstere Empfindung, desto besser wird die heilsame Rückwirkung auf unsere Nerven- und organische Funktion sein. Es ist daher sehr wichtig, dass bei der Vokalatmung der Übende von dem jeden Vokal eigentümlichen Gefühlston innig überzeugt wird, indem er dies in der psychischen Gebärde treu zum Ausdruck bringt und bei geschlossenem Mund allmählich durch die Nase einatmet; dann den Atemstrom je nach persönlichem Können möglichst lange anzuhalten versucht (bei Herzleiden bedarf es besonderer Vorsicht!); dabei Konzentration und mimische Darstellung des gedachten Vokals dauernd beachtend; endlich auf der wundervoll wirkenden Ausatmungsformel „Piuhuu" durch klein geöffneten, spitzen Mund ausatmet, als wenn man auf einer langen Kette von uuuuuuu dehnend blasen oder pfeifen wollte.

Jeder gedachte Vokal hat sein eigenes streng begrenztes Wirkungsfeld, auf das er sich und die durch ihn hervorgerufenen lebenswichtigsten inspiratorisch-circulatorischen Spannungsdifferenzen gesetzmäßig einstellt, sofern er nur in seiner natürlichen Reinheit gedacht und empfunden wird.

Die einzelnen Vokalatmungstypen sind:

I-Typ für Gaumen, Nasenrachenraum und Kopf,
E-Typ für Schlund, Hals und Kehlkopf,
A-Typ für obere Lungenbrustgegend,
O-Typ für untere Lungen-Brust-Zwerchfellgegend,
U-Typ für Leber-, Magen-, Darmgegend.

Auf meinen hier festgesetzten neuen Regeln lassen sich aber noch außerordentlich viele, dem Einzelkrankheitsfall angepasste Vokalform-Kombinationen ausarbeiten.

Durch die psycho-physiologischen Feinheiten meiner neuen Vokaltyp-Atmungsmethode mache ich es jedem Menschen möglich, mit ganz anderen Wirkungen zu atmen als bei der bisherigen rein mechanischen, umgeformten Atmungsmethode, dass jedermann in sich, je nach Wunsch und momentanem Bedürfnis, das Spannungsgefühl zur Entlastung des Körpers an einer bestimmten Stelle hervorrufen; d. h. auch dort, wo weder Apparate, noch Menschenhände und -Augen hinzuzukommen vermögen, bewirken kann.

Da der Kernpunkt meiner neuen Atmungstechnik in der Erkenntnis der „psychischen Form" und, diese wieder in der „sensorischen Nervenbahn" ruht, so rege ich gleichzeitig mit jedem psycho-physiologischen „geformten" Atemzuge, neben dem Atem- und Zirkulationsapparat vor allem auch das Bewusstsein und das ganze Empfindungsvermögen zu einer geregelten Tätigkeit an; denn sobald erst die Nervenzellen, die Ganglien-zellen des Nervus sympaticus (Mitleidenschaftsnerv), bei der Sauerstoff-sättigung des Blutes *agierend* zu einer besseren Tätigkeit angeregt werden, um die durch den Atem entstehenden Schwingungen in konzentrierterem Maße bewusst weiterzuleiten, dann müssen auch die Organe, Muskeln zu einer harmonischen Funktion besser *reagieren*!

Jede gedachte und empfundene Vokalform bildet ein psycho-physio-logisches Gebäude, wo dann deren mimische Vokalgebärde das Gerüst ist. Und die ausstrahlenden Impulse ihrer Heilkräfte wirken derartig intensiv, dass sogar in Fällen, wo eine wahre Konzentration ausgeschlossen war, wie bei kleinen Kindern, Psychoneurosen, Sterbenden u.v.a. es schon genügte, die Betreffenden mit sichtbarem Erfolge auf einen vorgemachten Vokal-gebärdeatmungstyp imitierend ein- und ausatmen zu lassen.

Wie der Verfasser des Artikels in der Münch. mediz. Wochenschrift u.v.a. auf Seite 778 deutlich hervorhob: Einmal sah ich, wie Leser-Lasario eine moribunde Phthisika (eine im Sterben liegende Schwindsüchtige), die sich trotz großer Kodeingaben mit einem schmerzhaften, harten Husten quälte, so atmen lehrte, dass der Husten weniger schmerzhaft wurde und Expektoration erfolgte (Atmung auf „I").

Auf Seite 779 urteilt Herr Dr. med. R. K. Wörtlich: „Hierdurch gelingt es, Spannung (elektrische Fluid) und Entspannung (magnetisches Fluid) unab-hängig von einander zu regulieren."

In dieser fachmännischen, klaren medizinischen Anerkennung finde ich für

23

meine nun 30jährigen aufopfernden Arbeiten die höchste, ideale Genugtuung, dass es mir, durch meine zielbewussten Vokalatmungstypen endlich geglückt ist, im kranken Körper selbst, Spannungsdifferenzen auf „natürlichem" Wege zu ermöglichen.

Hängt doch unser ganzes Sein und Nichtsein einzig allein vom **Gleichgewicht** dieser dualistischen Lebensspannung und Entspannung ab!

Wie soll, wo meist falsche oder ungenügende Funktion (Lungen-, Kehlkopfleiden) die Ursache der Erkrankung ist, nur die übliche Diät und Ruhe zum Erfolge führen?.

Kann doch fehlendes Leben nur durch Leben selbst wieder ersetzt werden!

Je zielbewusster und rhythmischer wir in uns diese dualistische Lebensfunktion mittels Atem vollführen können, desto besser und regelmäßiger arbeiten unsere Organe, so schützt schon meine obenerwähnte Ausatmungsformel Frauen vor zeitigem Altern und Schrumpfung ihrer Unterleibsorgane. Meines Erachtens hängt Gesundheit und Krankheit von der Fähigkeit ab, die durch den Atem entstehenden Schwingungen bewusst weiterzuleiten und nach unserem Willen in uns nutzbar zu machen. Nur durch eine bewusste richtig „geformte", mehr individuelle Atemtätigkeit können wir die Selbstbeherrschung wiedergewinnen und auf die feineren Kräfte unseres Organismus nach Belieben einwirken. Dies ermöglicht meine Vokalatmung, deren Vokaltypen in uns bestimmte neue „Formgefühle" und psycho-physiologische Vorgänge auslösen, wie sie keine andere Atmungsweise aufweisen kann.

Für die Behandlung mit meiner Vokalatmungsheilmethode kommen hauptsächlich in Frage: Alle mit der Atmung, dem Blutkreislauf, dem Stoffwechsel zusammenhängenden Krankheiten, Asthma, Katarrhe, beginnende Tuberkulose, Herzschwäche, innere Verwachsungen und Missbildung des Brustkorbes, Zwerchfellverlagerung, Magen-, Leber-, Nieren-Leiden, Stuhlträgheit, Arterienverkalkung, Krampfadern, Hämorrhoiden, Neurasthenie, Hysterie, Psychoneurosen, Stottern u.v.a.

In allen Städten, wo ich arbeite, bin ich in der Lage auch für jeden, seinen individuellen Innenatmungstyp zu bestimmen, besonders für Personen, die nicht genügend Zeit finden, dem ganzen Kurs beizuwohnen. Es freut mich außerordentlich, dass meine mühevolle Arbeit allerorten überzeugende Erfolge gezeitigt hat. Selbst in Ärztekreisen, die an meinen Kursen mit regem Interesse teilnehmen. Obige Erfolge geben sich am deutlichsten durch die Typenatmungssektionen, die sich nach Abhaltung meines Kursus überall gründen, kund, damit die durch diese Atmungstypen neu geweckten

Lebensenergien im Volke Wurzel fassen. Ich danke deshalb in diesem Sinne herzlichst allen, die meine menschliche Sache fördern und verbreiten.

Ein Geleitwort zu B. M. Leser-Lasario´s Vokaltyp-Atmungs-Heilmethode.

Die vier Punkte des Ein- und Ausatmungsprozesses.

Nach Leser-Lasario sind beim Prozess der Ein- und Ausatmungs- formen vier Akte zu beobachten. Diese 4 Akte stellen die 4 Grundpfeiler dar, auf denen sein neu entdecktes System ruht und stellen die 4 Stationen auf dem Wege der inneren **Umformung und Verjüngung des Körpers.**
In dem ersten Akte bereitet man sich wie zu einer heiligen Handlung vor, indem man sich innerlich sammelt und konzentriert auf die einem bestimmten Vokal innewohnende **Gefühlsstimmung** und diese Empfind-ung in der dem Vokal eigenen Lippengebärde zum Ausdruck bringt.
Im zweiten Akte atmet man in der Vorstellung dieses **gedachten** Vokals mit der ihm eigenen Lippenformstellung und der Empfindung des ihm eigenen Gefühlstones ein. Dieser auf solche genial erdachte Weise seelisch geformte Atem **treibt das Blut nach einen ganz bestimmten, dem Vokal entsprechenden Körperteil und Organ,** wodurch dieses stärker durch-blutet und elastisiert wird.
Im dritten Akte ist beim **Atemanhalten** die Selbstempfindung des dem Vokal zukommenden Gefühlstones **haargenau** aufs höchste und reinste zu steigern (fixieren), dadurch wird in dem Vokal entsprechenden **unwill-kürlichen** Organ, sei es Herz, Lunge, Magen, Niere, Leber oder Milz die höchste lebenswichtige **Spannung** eintreten, das Organ wird gezwungen instinktiv in stärkere Aktion zu treten und dadurch gekräftigt (durch bessere Durchblutung) und, wenn es krank war, geheilt. **Auf dieser Station erlebt man das Heilwunder: Verkalkung, Vernarbungen, verwachsene Gewebe** und vieles andere werden gelöst, elastisiert, **Blutstauungen** beseitigt, **Exsudate** zerteilt, die **Innensekretion der Drüse** angeregt, die Nerven gekräftigt, kurz der Körper **innenorthopädisch massiert.** Auf solche durch tiefe, bewusst empfundene **Einatmung** erreichte höchste **Spannung** folgt im 4. Akt die größte **Entspannung** des Organes, dadurch gelingt es die bei der höchsten Spannung freigewordenen Gase, Schleim, Schlacken bei der Ausatmung mit einer dem Einatmungsvokal ent-sprechenden **Ausatmungsformel** so *vollständig* aus dem Körper zu schaffen, wie es bisher kein Atem-System je erreicht hat. Und diese gründliche Reinigung des Körpers ist das Allerwichtigste für Gesunde und

Kranke.

Nach solcher Ausatmung vollständigster Art ergibt sich **von selbst** eine leichtere, tiefe und erquickende **Einatmung,** wie man es zuvor noch nie erlebt hat.

Um die Wirkung der Vokaltypatmung in ihrer höchsten Vollendung zu erfahren, müssen die 4 Punkte oder Abschnitte der Vokaltypatmung genau auseinandergehalten und die Vorschriften Leser-Lasario's für die einzelnen Punkte haarscharf befolgt werden. Bei der strengen Befolgung Leser-Lasario's individueller Vorschriften habe ich im Laufe des vergangenen Jahres bei meiner eigenen Frau und vielen hunderten Kursteilnehmern wahre Wunder des Erfolges erlebt. Es wäre daher zu wünschen, dass dieses lebensbringende, nerven- und blutstärkende Typatmungssystem Leser-Lasario's der gesamten Menschheit, den Gesunden zur Vorbeugung, den Kranken zur Heilung bekannt würde.

Dr. Möhringer.

Vorstehende Unterschrift des Herrn Dr. Josef Möhringer in Freiburg i. Br., Burgunderstraße 17, wird hiermit als echt öffentlich beglaubigt.

Freiburg, den 18. Oktober 1922. Badisches Notariat Freiburg 6.

27

A. Allgemeine Bemerkungen und Regeln.

Diese Schrift soll nur an jene verteilt werden, die an meinen Kursen teilnehmen und im Interesse jedermanns. Ich lege besonderen Wert darauf, dass die gefühlten Funktionen und Feinheiten jedes einzelnen Typs momentan fixiert werden, wie ich sie lehre, in den von mir selbst geleiteten Kursen, oder wie ich diese durch nur von mir gewählte Personen leiten lasse.

Diese seelisch geformte spezielle Methode des Atmens kann ohne vorherige richtige Anleitung nicht praktiziert werden, da jede Form der Gebärde eine verschiedenartige Blutzirkulation bewirkt. Der Zweck dieser speziellen inneren Atmung ist, allen Menschen, die leiden Linderung und Hilfe, Gesunden aber Vorbeugung gegen Krankheiten zu geben. Es geschieht dies auch tatsächlich, vorausgesetzt, dass die Weisungen alle genau und mit vollem Verständnisse durchgeführt werden.

Viele mündliche und schriftliche Anerkennungen – deutsche und auch solche aus dem Auslande – von medizinischen Autoritäten, sowie zahlreichen anderen Personen, sind hinreichender Beweis hierfür.

Diese Vokal-Typatmungs-Gymnastik erzielt eine wirkliche Massage der inneren Organe, an Teilen, zu denen man auf andere Weise nicht hinzuzukommen vermag, wodurch die innere Funktion des Lebens und sogar unsere unwillkürlichen Organe wie Herz, Lunge etc. willkürlich beeinflusst werden können.

Durch meine seelisch geformte Typatmung wird Demosthenes Satz „Der Geist baut den Körper" endlich zur wahren Tatsache.

Jeder einzelne Atmungstyp erzielt eine bedeutende Entgasung, dadurch naturgemäß Linderung des bestehenden Übels, größere Elastisierung aller Gewebe und neues Leben (regere Blutzirkulation).

Diese Atemübungen sollen niemals forciert, sondern es soll bewusst gespannt und entspannt werden, da diese Entspannung neue Belebung bringt, während Gewalt zu unnatürlichen Vergrößerungen (Hypertrophie), Zerrung, sogar Zerreißung von Gewebsteilen, Schmerz und Tod, dagegen Elastisierung zu stets neuem Leben führt! Man lege daher bei meinem innenorthopädisch wirkenden Atmungssystem ganz besondern Wert auf die innere Elastisierungskunst, die den Kernpunkt meiner Typen bildet.

Giftstoffe aller Art, Bakterien, Kohlensäure, welche durch die alte ungenügende Atmung resp. Ausatmung in den Geweben zurückbleiben, werden durch die neue Methode dieser Typenatmung ausgestoßen und durch die Innensekretion gereinigt. Durch meine Innenatmung werden die Drüsen und Lymphgefäße belebt, zu größerer Funktion angeregt (Innenmassage), wodurch Giftstoffe aller Art in reicherer Menge ausgeschieden werden müssen, weil gerade diese lebenswichtigsten Organe auf die feinsten, durch meine Typen ausgelösten differenzierten Spannungen auf so einfach natürlichem Wege reagieren.

Meine originelle Atmungsmethode entwickelt im Innern ein immerwährendes Gefühl wohltuender Wärme, sowie auch geistige und körperliche Energien.

Leichte Schmerzen, welche der Kranke während der ersten Übungen fühlt, sind ungefährlich, nur ein Zeichen, dass die Besserung des Zustandes beginnt. Sie werden durch die Giftstoffe, die der Körper ausscheidet, verursacht und verschwinden gewöhnlich bald. (Natürliche Reaktionen). (Siehe Näheres hierüber unter „Krisen").

Ich lege bei meiner Lehre ganz besonders größeres Gewicht auf die **Ausatmung** als auf die Einatmung, da ja letztere natürlicherweise von selbst reicher und tiefer wird, wenn Lunge und Bronchien durch und durch gereinigt sind. Von allen Giftstoffen entlastet, werden sie, wenn auch passiv, sich leichter und voller wieder füllen als jemals zuvor, was Erfrischung und neues Leben zur Folge hat. Durch die Vokaltypatmung wird der Sauerstoff der Luft durch das gesamte Blut bis in die äußersten Winkelspitzen des Organismus geleitet. Es werden alte Ablagerungen, Schlacken etc. gelöst, der Stoffwechsel gemehrt und geregelt und durch entsprechende Ausatmungstypen eine vortreffliche Reinigung der Organe herbeigeführt.

Man versuche nur eine meiner Ausatmungstypen, z. B. den wundervoll wirkenden Typ-IVa-Piuuuhuuuu, 30-40 x in einer ununterbrochenen Kette, jedoch ohne jede Gewalt, solange man eben kann, zu blasen, um selbst diese Überzeugung zu gewinnen.

Nochmals möchte ich ganz ausdrücklich betonen, keinerlei Force zu gebrauchen, da ja die lange, ununterbrochen Kette der Vokale oder Konsonanten ganz von selbst auf der ihr eigenen Schwingung dort die Wirkung auslöst, wohin sie durch den spez. Typ dirigiert wird.

Als Beispiel will ich hier schon ausnahmsweise bemerken, dass obiger Typ unfehlbar weit hinunter, bis zum Darm, führt, also stets Tiefenwirkung hat; er mag anfangs lächerlich scheinen, der Effekt aber ist ein wunderbarer und die Hauptsache, er ist das, was jeder braucht.

Mit Ausnahme des Gähntyps, bei welchem die Einatmung mit offenem Munde geschieht (spezieller Zweck) hat dieselbe unabänderlich stets durch die Nase zu erfolgen, der Mund bleibt geschlossen. Die Ausatmungstypen haben mit geöffnetem Munde, die Lippe so geformt, wie ich es lehre, zu geschehen. Nur das Summen und Dehnen gegen die Nasenwurzel sind mit geschlossenem Munde zu machen.

Wie aus dem Beiworte des Herrn Dr. med. Josef Möhringer in Freiburg i. B. zu ersehen ist, spielen meine vier Punkte (Stadien) zwischen dem Prozesse der Ein- und Ausatmung eine äußerst wichtige Rolle. So ist schon die Einstellung der Gebärde (I), die feinfühlende Art auf Grund dieser speziellen Vokalgebärde mit dem ihr innewohnenden eigenen Gefühlston aufzuatmen (II), ferner ganz besonders das Anhalten-können dieses seelisch geformten Atemstromes (III) und die Art der vielfältigen Ausatmungs-formeln (IV) – es sind deren 26 verschiedene –, hier gebe ich nur ein Muster frei, von ausschlaggebender Bedeutung.

Tausende meiner Kursteilnehmer bezeugen nicht nur eine Heilung ihrer körperlichen Gebrechen, sondern gleichzeitig auch eine wohltuende Erfrischung und Verjüngung sowie Änderung ihres moralischen und ethischen Empfindens.

Meine seelisch geformten Atmungstypen wirken veredelnd auf niedrig gesinnte Naturen und haben selbst Säufer schon bewogen, sich von ihrem Laster zu befreien.

B. Die Lippe.

Bei meinem System der Vokal-Typatmung ist die Lippe und deren Formung von ganz besonderer Wichtigkeit. Die Lippe ist mit außerordentlich feinen Nerven-Muskelfasern ausgekleidet, welche auf die zarteste Empfindung des Gemütes reagieren; d. h. der jeweilige Ausdruck des Mundes in Freude, Lust, Leid, Qual etc. lässt unleugbar die momentane innere Stimmung deutlich erkennen. Es beeinflusst daher die bewusste Formung der Lippe die unwillkürlichen Organe, so ferne sie eben nicht, wie bisher, nur als äußeres Werkzeug zum Sprechen, Küssen u.s.w. betrachtet wird und man durch die konzentrierte Gedankenform eine Verinnerlichung der seelisch individuellen Vokalgebärde mit der Lippe fixiert.

Die Lippe steht in engster Verbindung mit den im tiefsten Innern des Körpers liegenden Organen, mit den Lymphgefäßen und Drüsen. Ein unumstößlicher Beweis dieser Behauptung ist uns in der Psychologie des

Kusses gegeben: Das Gefühl, das bei Liebenden durch den Kuss hervorgerufen wird, geht durch die Empfindung zu den Sexualorganen und beseelt diese.

Durch die Vokal-Typatmung in Verbindung mit der seelisch beeinflussten Formung der Lippe und deren ausgelösten Vibrationen ist es daher möglich das Organ, welches für den betreffenden Vokal in Betracht kommt, blutzirkulatorisch und heilend zu beeinflussen.

Es ist eine Leichtigkeit, während der Vokal-Typatmung die Tätigkeit der unwillkürlichen Organe bewusst anzuregen und zu beleben. Dadurch ist es wohl auch klar und verständlich, dass ich durch diese Atmungsmethode auf das ganze Gefühlsleben wohltätig und veredelnd wirke.

Ich stelle es mir stets zur höchsten Aufgabe, die individuelle innere Beschaffenheit des Menschen intuitiv zu erfassen, um sämtliche Organe allmählich auftauen von Gift und belastenden Stoffen reinigen und durch die Typenatmung frisch durchbluten zu lassen, damit durch Elastisierung neue, Lebensschwingungen und Energien geweckt werden!

In der Lippen-Gebärde liegt ein gewisses Etwas für den ganzen Körper. Die feine Innervation der Lippe fördert die Weckung des Nervus sympathicus (Mitleidenschaftsnerv), welcher unser gesamtes Gefühlsleben (Freude, Leid, Verdauung u.s.w.) sowie die Tätigkeit unserer unwillkürlichen Organe so mächtig beeinflusst. Durch meine bewusste seelisch geformte Vokal-Typatmung ist es möglich, den wunderbaren, so geheimnisvollen Nervus sympathicus unterzuordnen und dadurch allmählich bewusste Beherrschung und **willkürliche** Kraft über unsere **unwillkürlichen** Organe zu gewinnen.

Es gereicht mir zu großer Befriedigung eine offiziell anerkannte Bestätigung oben besprochener Tatsachen von Herrn Dr. A. R. in Friedberg bei Bad Nauheim, zu besitzen, welcher unter andern sagt: „Die günstige Beeinflussung des Lebensgefühles durch die systematisch betriebene Atem-Hygiene Leser-Lasario´s, ist nicht hoch genug einzuschätzen".

Das immer wachsende innere Bewusstsein einer seelisch konzentrierten Atmungsweise, hat nicht nur allein stärkende und fördernde Wirkung auf das Gehirn und die von demselben aus geleiteten Organe, sondern auch eine außerordentlich günstige und hebende Wirkung auf Moral und Ethik. Erfreulicherweise konnte ich dies bei manchen oberflächlichen Menschen schon nach kurzer Zeit feststellen; z. B. konnte mir eine leichtlebige Patientin schon nach 2 Monaten, ein Anderer nach 8 Lektionen diese erfreulich günstige seelische Umwandlung mitteilen.

C. Die Atmungstypen (Atmungsformen).

I-Typ hat Höhenwirkung. Schon allein die Gebärde des heiter empfundenen I-Lautes wirkt Wunder in der Ableitung bei Kopfschmerz, Kongestionen im Gehirn sowie Herzkrämpfen (siehe Auszug der bereits in der Vorrede angeführten Münchener Med. Wochenschrift). Auch bei Ohren- und Nasen-Beschwerden wirkt dieser Typ sehr gut, wenn er genau nach meinen Weisungen ausgeführt wird, welch letzteres auch für alle andern Typen gilt. Verkalkung wird schon durch diese Übung vermindert.

E-Typ wirkt in seiner langgedehnten Kette (wie im Worte Leeeeeeser) auf Hals, Kehlkopf, besonders auf Kröpfe, durch die Innenvibrationsmassage, die er speziell an jenen Stellen auslöst. Er ist von besonderer Wichtigkeit für Sänger, Lehrer, Redner und alle Personen, die ihre Stimme viel gebrauchen müssen, da er die Stimmbänder, Schleimhäute und Drüsen durch erhöhte Blutzirkulation anregt.
In der Schweiz wurden hunderte von langjährig bestehenden Kröpfen durch diesen Typ, bei strikter Regelbefolgung und konstanter Übung, und die dadurch ausgelöste größere Innensekretion der Drüsen, buchstäblich allmählich weggeatmet.

A-Typ beeinflusst ganz besonders die von Natur aus stiefmütterlich beschaffenen, gewöhnlich so sehr vernachlässigten Lungenspitzen und den obersten Brustteil. Kommt daher besonders in Anwendung zur Verhinderung von Krankheiten, die die Lungenspitze betreffen und bildet ein sicheres Vorbeugungsmittel gegen die gefahrvolle, so gefürchtete Tuberkulose. Es wird deshalb dieser Typ von ärztlicher Seite auch ganz besonders für alle Menschen – also auch für die Gesunden – empfohlen, speziell für jene, die in gebeugter Stellung und in geschlossenen, schlechtventilierten Räumen arbeiten müssen.

AE-Typ wirkt auf den Schlund, elastisiert die Keilbeine, durchblutet das Gehirn, regt dasselbe an und hebt, bei richtiger Spannung, ganz besonders die drei zusammengepressten obersten Rippen, wodurch gleichzeitig die Lungenspitzen günstig beeinflusst werden. Ich nenne diesen Typ „Wecktyp", da er so vielseitige Wirkungen auslöst und sich besonders wohltuend fühlbar macht, wenn man ermattet, abgespannt und müde ist. Die Elastisierungsmöglichkeit sowie die hervorgerufenen Energien durch diesen Typ sind ein Schutz und eine Vorbeugung gegen Schlaganfälle. Selbst bei schon erfolgten Anfällen wirkt er, richtig angewandt, helfend und lindernd. Mir selbst half er in ähnlicher Not mehr als einmal, wie es von Augenzeugen in Bern bestätigt werden kann. (Siehe beigefügte Kritiken), Bern S. 27). Eine nicht geringe Wirkung ist auch jene gegen die so häufig drohende Verkalkung des Gehirns.

Kombinierter **OA-Typ** beeinflusst den mittleren Lungen-Brustteil, wirkt günstig und heilend bei durch Wunden zurückgebliebenen Schwarten, Vernarbungen, die durch Lungen- und Rippenfellentzündungen entstanden sind.

O-Typ wirkt auf die Herzgegend. Dieser Typ darf nur angewendet werden, wenn die anderen Typen leicht gelingen und nur nach genauer Weisung, da er große Spannung in der Herzgegend auslöst, weshalb Herzkranke, Nervöse und schwächliche Personen diesen Typ anfangs lieber weglassen sollen. Der zweite Herztyp, den ich mit ganz besonderer Sorgfalt auch für schwächliche und leicht herzleidende Personen entworfen habe – er leitet die Blutwelle vom Herzen ab – wirkt dahin, dass nach seiner Übung auch der erste Typ mit Mäßigung geübt werden kann.

Ö-Typ beeinflusst Zwerchfell, Leber und Magengegend und habe ich auch hier 3 Arten von Entspannungsmöglichkeiten (Ausatmungsformeln) gegeben.

Kombinierter **Uü-Typ** wirkt direkt auf die Nierengegend und wird als innenorthopädische Massage deutlich empfunden.

U-Typ beeinflusst schon bei treuer Einhaltung der Gebärde bei der Einatmung die Unterleibsorgane, weshalb ich ihn auch Unterleibstyp nenne. Wird er richtig angewandt, heilt er langjährig bestehende Stuhlverstopfungen und Darmträgheit (Siehe Dr. med. R. Koch's Urteil). Besonders die intensive Ausatmung wird wohltuend empfunden. Frauen speziell empfinden diesen Typ als vorteilhafte Innenmassage der Unterleibsorgane und seine kombinierte Form **Ui** wirkt wundertätig bei Gebärmuttervorfällen und Schrumpfungen.

Kombinierter **Ui-Typ** hat besondere Wirkung auf den Mastdarm und bildet die stärkste und kräftigste Form zur Anregung und besseren Funktion eines träge arbeitenden Verdauungsapparates.

D. Die vier Stadien.
(Die Grundpfeiler meines Systems).

Innenorthopädisches Atmen, System Leser-Lasario, durch welches jedermann seine Blutzirkulation verbessern und regulieren kann. Für diese Atmungsmethode sind vier Punkte (Stadien) streng zu beobachten notwendig:

I. **Willensempfindungs-Konzentration auf der gedachten I-Vokal-Gebärde; so z. B. im Worte Liebe oder Mimi (hier mit sehr heiterer, freundliche Gebärde).**
II. **Auf dieser seelisch geformten Gebärde mit geschlossenem Munde allmählich durch die Nase, in einer Art natürlichen crescendo (anschwellend), aufatmen (ein- atmen).**
III. **Diesen seelisch geformten Atemstrom nach momentaner Möglichkeit, d. h. so lange es der Zustand des Körpers gestattet, anzuhalten versuchen. Ausgehend von einer Sekunde, eventl. 2-3, (Gesunde auch länger) (langsam und mit Bedacht) täglich um eine mehr. Herzleidende üben Vorsicht!**
IV. **Auf der jeweiligen Atmungsformel, je nach Weisung, blasend, dehnend, summend oder deklamierend ausatmen. Ich gebe hier als Muster meinen Piuuhuuuu-Typ an:**
    Auf der Ausatmungsformel eine lange Kette Uuu so viele man zu blasen – ohne Force – imstande ist, je mehr desto besser. Mit sehr spitzer Lippe und ernster Gebärde blasend ausatmen.

         ↑*   ↑*

Piuuhuuuuuuuuuuuuuuuuuuuuuuuuuuuuuuuuuuuuuuuuuuuuuuuuuuuuuuuuuuuuuu

*) Diese Pfeile bedeuten für Schwache Mäßigung.

E. Die Übungen.

Für jede Atemübung soll der Körper eine von jeder Spannung und Anstrengung freie Haltung einnehmen. Die Hände niemals am Rücken. Eine Selbstverständlichkeit ist es, dass alle Übungen in gut durchgelüfteten Räumen, bei offenem Fenster oder im Freien (mit Ausnahme des Gähntyps), kurz also in frischer Luft, gemacht werden sollen.

Man versuche langsam und so tief als möglich zu atmen. Absolut keine forcierte Kraft anwenden, meine Typen geben die Tiefe der Atmung von selbst, sie geben alles. Es ist der Gedanke allein, der diese seelisch geformte Typenatmung begleiten soll, *denn es sind nur die Nerven, die agieren müssen, damit die unwillkürlichen Organe besser reagieren.*

Anfänger beginnen mit der Übung auf der Ausatmungsformel „Piuuuhuuuuu", weil diese Wirkung anfangs ganz besonders deutlich zu fühlen ist. Am ersten Tage übe man diesen Typ vor jeder Mahlzeit 5 mal (Kranke nur 1 oder 2 mal) am zweiten Tage schließe man einen neuen Typ mit gleicher Übungszahl an und wiederhole in dieser Form 4 mal täglich vor dem Essen.

Als zweiten Typ nehme man z. B. „Piiihiiiii", welcher die Bewegung der Blutwelle nach oben zum Gehirn lenkt. Zwischen diesen beiden Typen erzielt man eine Kontrastwirkung auf die innersten und wichtigsten Organe. Die drei Typen I – E und A bilden den Lebensdreiklang, weil sie von jeder Person leicht geübt werden können. Diese drei Typen können 4-5 mal vor jeder Mahlzeit, also viermal täglich zu je 12 oder 15 Übungen gemacht werden. Als Regel gilt bei *allen* Übungen, nach jeder einzelnen, eine *stummlächelnde* Pause eintreten zu lassen, um die Wirkung des Typs zu kontrollieren und nachzufühlen.

Die obenerwähnten Typen, wenn sie richtig angewendet werden, können eine nur wohltuende Wirkung auslösen, auch dann, wenn sie öfter gemacht werden. Die anderen Typen soll man nicht zu häufig üben und gilt dies besonders für den *Herztyp O, den ich auch Gesunden vorsichtig und mit Maß zu üben empfehle.* Da dieser Typ eine Probe für die Stärke und Energie des Herzens ist, soll der Atem nicht länger als 2 Sekunden (III) angehalten werden. Findet man aber, dass man länger mit Leichtigkeit anzuhalten vermag, etwa 4 Sekunden, so hat man einen großen Vorteil gewonnen. Diese spezielle Übung für die Vibration des Herzens, welche ich „mmmmpommmm" nenne, soll nur einmal täglich geübt werden,

Herzkranke und schwache Personen lassen diesen Typ aus bis sie sich stärker und gekräftigter fühlen. Die zweite Form des O-Typ führt zu diesem Ziele. Sobald man bei der ersten Herztyp-Atmungsübung in der Herzgegend einen Druck oder Schmerz fühlt, hat man sofort auszuatmen, auszuatmen mit lächelnder Gebärde, im Sinne I-Typ.

Der Darm-Typ U soll nach Bedarf geübt werden, ebenso der *neutrale Schlaftyp*. Gewöhnlich werden die Typen, wie oben angegeben, in der Reihenfolge I–E und A mit ihren korrespondierenden Ausatmungsformeln 4 mal täglich vorgenommen und regelmäßig geübt. Ab und zu kann man auch die anderen Typen mit stärkerer Wirkung dazunehmen, wie es denn überhaupt gilt, sich die am meisten benötigten Typen, die individuell aber so verschieden sind, nach Bedarf zu regelmäßig gewöhnlicher Übung zu wählen.

Werden auch die stärker wirkenden Typen anfangs als schwieriger empfunden, so sind sie durch regelmäßige Übung natürlich und leicht.

Werden diese Übungen mit bewusster Konzentration gemacht, so ist die Wirkung von Erfrischung, Elastizität, angenehmem Gefühl und innerer Wärme noch Stunden nachher zu fühlen, sogar auch während des Schlafens, da wir durch regelmäßig, systematisch betriebene Atemhygiene auch während des Schlafes tiefer und viel ruhiger atmen.

Tausende meiner Kursteilnehmer bezeugen nicht nur eine Heilung ihrer Gebrechen sondern gleichzeitig auch eine wohltuende Erfrischung, *Verjüngung* und Änderung ihres ethischen und moralischen Empfindens sowie günstige Beeinflussung ihres gesamten Lebensgefühles.

F. Krisen der Reinigung auf natürlichem Wege.

Die langen Jahre, welche ich benötigte, um selbst einen Weg zu meiner Heilung zu finden und zu bahnen, die Drangsale, die ich durch meine seelischen Kämpfe, welche ich im Vorworte besprach, zu ertragen hatte, befähigen mich, Leidenden mit ähnlichen Erfahrungen, erklärende Beispiele zu geben.

Die brachliegenden, kranken Zellen können m. E. mit einem faulen, stets betrunkenen Arbeiter, der anstatt zu arbeiten, in den Tag hineinschläft, verglichen werden. Den Arbeitgeber, Fabrikanten, Chef, etc. vergleiche man mit dem Sauerstoff. Hat man jemals beobachtet, wie solch ein schlaftrunkener Arbeiter, wenn er mitten aus seinem Schlafe geweckt wird, mit Händen und Füßen um sich schlägt, wie er seine Augen verwundert reibt, mit erstaunter Miene, ehe er völlig erwacht? In ähnlicher Form vollzieht sich der physiologische Kampf in den Zellen, die das frische Blut aufsaugen und durch den ganzen Körper pulsieren lassen sollen. Diese, durch meine vorteilhafte, einfache Methode erzielte, erhöhte Sauerstoffzufuhr durchdringt durch Beeinflussung bewusst dirigierter positiver Blutzirkulation die verhärteten, unelastischen Zellen, welche sich in jedem kranken Körper vorfinden.

Anfangs wollen diese Zellen nicht leicht auftauen, ähnlich dem schlaftrunkenen Arbeiter, dann fühlt der Kranke eben die innerlichen Krisen, d. h. er empfindet leichte Schmerzen, wie Zerren in der Seite, Kopfschmerz, Hustenreiz, etc. Ist dies aber der Fall, so braucht der Patient keine Furcht zu haben und zum Apotheker zu laufen, um sich ein Mittel zur Beseitigung dieser Symptome zu verschaffen; im Gegenteil er soll sich ruhig verhalten und sich innerlich über diese Krisen freuen, welche nur die sicheren Vorboten einer raschen Besserung und Heilung sind.

Fährt man fort den leichtesten aller Typen, den I-Typ, ohne jeden Force, sondern nur um eventuell bestehenden Druck zu erleichtern, zu üben, um die Zellen elastischer zu machen, so wird man das Resultat bald fühlen, nämlich, vermehrte Absonderung in jeder Form, Ausschwitzung, Auswurf. Ich nenne daher jene auftretenden Krisen im ersten Stadium der Innen-Entwicklung, Kinderkrankheiten, welche gar bald vorübergehen. Kranke, die mit Kongestionen und verhärteten Geweben behaftet sind, können sich glücklich schätzen, diese ersten Symptome einer erfolgreich werdenden Wirkung zu beobachten. Nie verliere man den Mut, sondern sei guter Zuversicht und heitern Geistes während des Prozesses dieser inneren Entwicklung. Freudig den Gedanken hingegeben, dass das Ende der Leiden nahe ist. Man vergesse nicht, dass jedes Kulturwerk, sei es Kunst, Wissenschaft, Volkswirtschaft oder Politik, Krisen durchzumachen hat, ehe es das hohe Ziel erreicht.

Es ist bekannt, dass Säuren immer biochemische Wirkung haben, folgedessen auch die erhöhte Sauerstoffzufuhr, die mit jedem geformten Atemzuge in den Körper gesaugt wird. Diese Erkenntnis rettete mein Leben und leitete mich, meine verhärteten, eingetrockneten und verpappten Gewebe zu reinigen und zu oxidieren und dadurch die Gesundung zu erlangen.

Man staune und erschrecke nicht, wenn ich sage, dass ich in meiner Frankfurter Wohnung (dem Orte meiner größten Krisenzeit) 38 Liter – nur ein Bruchteil – meiner Ausscheidungen (Sputum) aufgehoben habe, als

Beweis meiner Theorie über die Innensekretion. So glückte mir durch meine allmählich zielsicher gelenkte Typatmung, aus meinen vertrockneten ossifizierten (verknöcherten) Gewebe – ich war in der rechtseitigen Halsmuskulatur und Wange schief verwachsen und gelähmt (Siehe Abbildung Stabsarzt Voigt's beim Vortrag) eine so ungeheuer reiche Menge von Ausscheidungen zu erreichen. Dadurch konnte ich mich innerlich vor den Augen meiner Freunde und Bekannten fort und fort entwickeln, was Dr. Möhringer's Ausspruch genügend beweist, er sagt u. A.:
„Herr Leser-Lasario, Sie sind heute ein anderer, als vor einem Jahre, sowohl körperlich als auch stimmlich. Wir alle, die Sie heute nach einem Jahre wieder gesehen und gehört haben, sind geradezu fasziniert über Ihr Aussehen und Ihre mühelose, mächtige Tonentfaltung . . ."
Ich schätze mich glücklich, fähig zu sein, Leidenden und speziell den vielgeprüften leidenden Menschen, die Möglichkeit zu zeigen, sich von allen Giftstoffen, Verkalkungen etc. selbst zu befreien und zu reinigen. Dies gilt für alle Menschen auf dieser Erde. Derjenige, der diese wundervolle Methode, *die Blutzirkulation dahin dirigieren, oder abzulenken, wo es am notwendigsten ist, beherrscht,* braucht sich keinerlei Fasten und speziellen Diätkuren unterziehen. Was ich hier für Kranke und Leidende als Regel feststelle, gilt selbstredend auch für jeden Sänger und Redner, denn nur im gesunden, hygienisch atmenden Körper kann ein formvollendeter belcanto Ton schwingen. Für Sänger habe ich ganz spezielle Atmungstypen und sind bekannte Größen von der Analyse ihrer Stimme durch mich erstaunt und fasziniert. (Siehe Beilage der Kritiken u. a. von Hofopernsänger Jos. Schwarz, z. Z. im Metropolitan Opera House in New-York).
Ich sah mich veranlasst, weil das System meiner Vokaltypatmung durch Überzeugung leicht hohen Anwert findet, in der Schweiz bei dem Eidgenössischen Amt für geistiges Eigentum unter Nr. 33116 meine Typen patentieren zu lassen, um gegen Nachahmung derselben gesichert zu sein.
In der jetzigen traurigen Zeit der Menschenentartung im psychischen Sinne, freut es mich tief innerlich, wahrzunehmen, dass bei den Sektionen aller Länder, welche Schar ich meine Typatmer Pioniere für ein Neuland nenne, die Früchte meiner mühseligen Arbeit durch das intensivere Sichhineinleben in meine seelisch geformte Atmungslehre gezeitigt werden, indem die Seelen der Menschen zueinander finden, was ja jetzt nur sehr zu begrüßen ist.

**Einige fachliche Urteile und weitere kurze Auszüge
aus amtlich beglaubigten Urteilen usw. über Leser-
Lasario´s neues Atmungs-System.**

Frankfurt a. M., Savignystr. 8.5. Mai 1919. Dr. med. R. Koch, Spezialarzt
für innere Krankheiten, an Herrn Leser-Lasario, Bad Nauheim:
Ich erlaube mir, Herrn Leser-Lasario den Herren Kollegen zu empfehlen.
Er hat eigene, sehr originelle und praktisch gut verwertbare Methoden der
Atemgymnastik ausgebildet. Ich habe sie bei einer Reihe von Kranken mit
Nutzen angewendet, und zwar bei Bronchialasthma, Emphysem (Lungen-
und Herzerweiterung), Thoraxstarre (starre Brust), pleuritischen Schwarten
(Brustfellvernarbungen), Herzneurosen (nervöse Herzleiden), Psycho-
neurosen (Hysterie), Obstipation (Stuhlverstopfung), außerdem bei leichten
Lungentuberkulosen.
Wahrscheinlich kann die Methode noch bei anderen Zuständen angewendet
werden, besonders bei Erkrankungen der oberen Luftwege (Stimme).
Hierbei fehlen mir eigene Erfahrungen, gez. Dr. Koch.

Des Weiteren hat Herr Dr. med. R. K. den hohen Wert dieser segen-
spendenden „Vokaltypatmungsmethode" in der Münch. Med. Wochenschrift vom 11. Juli 1919, Nr. 28, Seite 778-780 gewürdigt und äußerst
lobend anerkannt.
So urteilt Herr Dr. med. R. K. unter anderem wörtlich: „ . . . so kann man
am leichtesten an sich selbst feststellen, dass jedem Vokal eine bestimmte,
von der natürlichen verschiedenen Art der Atmung angehört . . . Ich habe
diese Atmungsarten auch bei L. L. am Durchleuchtungsschirm betrachtet.
Die Verschiedenheiten in der respiratorischen Bewegung des Zwerchfells
und des Herzens waren deutlich sichtbar . . . Es ist somit möglich, durch die
Atmung unter Vokalvorstellung anders und mit anderen Wirkungen zu
atmen als bei der natürlichen Atmung . . . Hierzu kommt, dass durch die
Vokalatmung möglich ist, bei einem anderen, dem Kranken, einen
bestimmten Atmungstyp bewusst hervorzurufen . . . Ich habe versucht, mir
über diese Verhältnisse am Spirometer (Atmungsmessapparat) Aufklärung
zu verschaffen . . . Dabei ergibt sich, dass die mühelose Atmung unter
Vokalvorstellung, also ohne kräftig einzuziehen und auszupressen, bei der
Ausatmung mehr Luft liefert, als die gewöhnliche, gerade eben bewusste,
flache Atmung . . . Ich habe L. L. Bronchialasthmatiker behandeln sehen.
Ich hatte den Eindruck, dass bei protrahierten (schweren) Anfällen den

Kranken wesentlich geholfen wird . . . Einmal sah ich, wie Leser-Lasario eine moribunde Phthisika (eine im Sterben liegende Schwindsüchtige), die sich trotz großer Kodeingaben (Einspritzungen) mit einem schmerzhaften, harten Husten quälte, so atmen lehrte, dass der Husten weniger schmerzhaft wurde und Expektoration (der Auswurf) erfolgte, (Atmung auf „I")! . . . Leser-Lasario gibt an, (in seiner Broschüre „Die 10 Gebote des Atmens"), dass die Atmung auf „U" chronische Verstopfung günstig beeinflusst. Ich habe gerade eben bei 2 Fällen einen mich und die Kranken verblüffenden Erfolg gesehen! . . . und aufheiternden Wirkung der „A"-Typ) Atmung Gebrauch machen. Mir selbst hat sich diese Atmung bei Missempfindungen beim Einschlafen und Aufwachen sehr nützlich erwiesen. Endlich wird man die Vokaltiefatmung überall da einfügen können, wo man sonst von Atemgymnastik Gebrauch macht, also bei der Tuberkuloseprophylaxe (Vorbeugen!) und der Hygiene der Gesunden.

Herr Stabsarzt Dr. M. Voigt, Frankfurt a. M.: „Ich kenne Herrn Leser-Lasario seit 2 Jahren und habe während dieser Zeit mehrmals jede Woche nicht nur mit ihm fast jedes Mal über seine Ideen und über seine Theorie gesprochen, sondern auch mit ihm selbst persönlich weiter gearbeitet, ihm . . . seine Lehrmethode wissenschaftlich begründet und aufgebaut . . . „Er hat bei den ersten Proben, die ich ihm aufgab, mit vollster Sicherheit ohne die Mundhöhle gesehen zu haben, Bau und Form der Zunge, des harten und weichen Gaumens, des Zäpfchens, des Nasenrachenraumes des Kehlkopfes u.s.w., sowie Höhe und Form ihrer Wölbungen genau vorher bestimmt und bildlich skizziert . . . Sein System ist durchaus natürlich und darum verblüffend einfach . . . Er hat nur durch eigenes mühsames, jahrelanges Nachdenken und Probieren seine Stimme aus dem Nichts zu ihrer jetzigen klangvollen Höhe und Ausdauer entwickelt.
Lasario wird eben deswegen der erste und auch der einzige Reformator des Gesangsunterrichts sein . . . Alles Neiden und Schmälern, alles Kritisieren und Besserwissen seitens seiner und meiner Herren Kollegen wird nicht imstande sein, von diesem rocher de bronce der Wahrheit und Natürlichkeit auch nur ein Körnchen abzusplittern . . .

Herr Dr. med. G. Strohmayer, Frankfurt a. M.: „Ich kann Herrn Leser-Lasario bestätigen, dass seine neue, auf psycho-physio-logischer Basis beruhende Atmungstechnik mir bei Behandlungslungen und stoffwechsel-kranker Patienten äußerst ersprießliche Dienste geleistet hat und mit

Sicherheit dazu berufen sein wird, unsere speziellen therapeutischen Faktoren . . . aufs wirksamste zu unterstützen . . ."

Herr Dr. med. A., Bad-Homburg: „Ich habe mich davon überzeugt, dass Herr Leser-Lasario seine muskulären Sprach- und Atmungsorgane in ungewöhnlicher Weise beherrscht."

Herr Dr. med. Keller-Hoerschelmann, Kurhaus und Erholungsheim Cademario bei Lugano (Schweiz), den 23. September 1922 . . . „dass Ihre Atmungsübungen sehr gut sind, daran ist gar nicht zu zweifeln. Ich habe nach meinem Geschmack einzelne Vokalübungen täglich machen lassen und bin damit ausgezeichnet zufrieden; auch die Patienten sprechen sich darüber lobend aus . . ."

Herr Hofopernsänger J. Schwarz, Berlin, zur Zeit im Metropolitan Opera House in New York schreibt: „Ich bin erstaunt, mit welcher Sicherheit, ohne vorher mich gesehen zu haben, er meine inneren Muskeln die ich zum Singen betätigte, . . . mit erstaunlicher Sicherheit festgestellt hat."

Herr Kammersänger C. P., Dresden: . . . „nach äußerst interessanten Aufschlüssen über Gesang, in einer Unterredung mit ihm, von ihm empfangen."

Herr Hofopernsänger G. Br., Berlin: „Ich war erstaunt über die Analyse meiner Stimmorgane, über das Urteil der Tätigkeit meiner Muskeln beim Singen, über die Analyse meiner ganzen seelischen Empfindungen, welche mich durchdringen beim Singen . . . Die gesangstechnischen Anschauungen des Herrn Leser-Lasario besonders auch der „Atemtechnik" kann für jeden Gesangstudierenden nur von großem Nutzen sein . . ."

Selbstbekenntnis einer schwergeprüften Konzertsängerin.

Heidelberg, den 6. August 1920.

Es gereicht mir zu seltener Freude, dem Herrn Leser-Lasario, Frankfurt a. M., heute in diesen Zeilen meine innigste, aufrichtigste Dankbarkeit ausdrücken zu können.
. . . Ich betrachte es als eine Fügung Gottes, dass mich letztes Jahr am 13.

September 1919 in Bad Nauheim der Weg zu ihm geführt hat, wo ich Heilung für mein zerschlagenes, krankes Herz suchte. Es war verblüffend, wie er mir aufs erste Mal nur beim Anschauen alles sagen konnte, wie auch denn seine Vokaltiefatmungsmethode mir sofort Besserung verschaffte. Er ist ein selten begabter, über allem Irdischen erhabener Mensch, der nur den einen idealen Gedanken in sich aufgehen lässt, Gutes zu wirken und der Menschheit helfen zu können und das kann „Er"; denn seine psychologischen Vokaltiefatmungsformen sind auffallend leicht, von jedem kleinen Kinde verständlich. Ich kann es Herrn L.-L. nie danken, wie ich es möchte. Ich kam zerbrochen an Leib und Seele zu ihm, und er hat mich wieder aufgerichtet, an Körper und Stimme mich gesundet, wie man es kaum von einem Menschen denken kann. Er schuf mir ein ganz neues Register und auch eine neue Sprache.

Welch gewaltiger Unterschied in meinem ganzen Seelenleben und Funktion ist jetzt durch die Erkenntnis seiner neuen Atmungslehre in mir erwacht! Wenn mir die Menschen, die über Sprache urteilen und besonders auch die Herren Psycho-Physiologen sich jetzt in meine Seele hineinleben könnten, bin ich überzeugt, dass neue Laufbahnen sich sowohl für Ärzte als für Sänger und Sängerinnen eröffnen würden. So aufgehn in allen Feinheiten seiner Innenatmung verursacht in allen Zellen des Körpers ein wahres, neues Leben.

Die segensreichen Naturkräfte bei nur wenigen Minuten täglicher praktischer Befolgung Leser-Lasario'scher psychischer Atmungsformen (Vokaltypen) vom Übenden ausgeführt im Körper auslösen, geben jedem Kranken einen inneren festen Halt, Mut und frohe Zukunft zum Wiederaufbau seines Körpers. Durch diese seelenvolle Innenselbstzucht lernt jeder Mensch gleichzeitig neue edle Lebensgefühle kennen! Dies habe ich auch bei meinen Schülern erlebt. Ich glaube, dass so naturgemäß leicht handhabender (und besonders charakteristisch, wo seine Methode, speziell für alle unwillkürlichen Organe zur willkürlichen günstigen Beeinflussung derselben geschaffen ist) und vor Allem kostenloser wie L.-L. es uns macht, kann es uns überhaupt nie mehr gegeben werden.

Deshalb schon muss diese phänomenale „Vokaltiefatmungs-Heilmethode" Gemeingut *aller* Menschen werden. Dies ist mein heiligster und aufrichtigster Wunsch zur Hebung der jetzigen heruntergekommenen Menschheit. Es wäre somit eine große Sünde, wenn aus skrupulösem Mammonismus diese lebensspendende Lehre untergraben würde. Ich will nun hoffen, dass alle bedauernswerten Kranken und stimmlich Verirrten den gleichen Weg zu ihm finden und seine praktischen Winke treu befolgen werden.

gez. Frau Maria Gerwig,

Konzertsängerin und Lehrerin für Stimmbildung. Die Unterschrift der Frau Maria Gerwig, hier, wird hiermit beglaubigt. Heidelberg, den 6. August 1920. Bürgermeisteramt. I. A. gez. Schaublint. Stempel der Stadt Heidelberg.

Ich habe nach eingehender Prüfung der Vokaltyp-Atmungs-Methode des Herrn Leser-Lasario es für meine Pflicht gehalten, für dieselbe einzutreten, da sie ersichtlich ein wunderbar kombiniertes System der Gymnastik innerer Organe darstellt. Diese Atmungsmethode ist nicht nur ein Schutzmittel gegen Erkrankungen, sondern auch geeignet, Heilungen hervorzubringen, die mit den bisherigen Anwendungsformen nicht erzielt werden konnten. – gez. Reinh. Gerling, Berlin-Oranienburg.

Wien, den 19. Juli 1922. Leser-Lasario: Man steht vor ihm, blickt in seine klaren Züge, hat blitzähnlich volle Überzeugung, reine Güte, große edeldenkende, feinempfindende Seele. Seiner Sache mit vollster Hingebung dienend, ein Wunder an Geduld und Ausdauer; seine Typen ein Mirakel in ihren, bis in die zartesten Differenzierungen durchgearbeiteten Phasen, an denen sein Herzblut klebt und die er mit heißem, übermenschlichem Bemühen seinen Mitmenschen zu deren Heile lehrt. Seine durch tiefinnerliche Konzentration erkannte natürliche Erregbarkeit des Nervus Sympathikus, ist von fundamentaler Bedeutung. Man muss ihn persönlich im Worte seines feuersprühenden Temperamentes hören, welches nur der freudige Ausdruck der Überwindung seiner so schwer ertragenen Leiden und Krisen ist, um die begeisternde Bewunderung, die er weckt, – und voll und ganz verdient – zu begreifen.

Leser-Lasario´s Schwingung
Auf Nervensaiten
Ist eine Offenbarung
Für alle Zeiten!

C. W. v. D. Ein Wiener Kurgast in Baden bei Wien.

Naturheilverein Zürich 7. Zürich, im Januar 1922. „ . . . Die Vokalatmungs-Methode Leser-Lasario´s birgt unbestreitbar wertvolle hygienische Grundsätze in sich, die seitens unserer Naturheilbestrebungen entsprechende Beachtung verdienen.
Der Präsident: I. A. Hungerbühler.
Der Aktuar: H. Trachsler.

Verein für Gesundheitspflege und Naturheilkunde.
Zürich-Örlikon, den 3. November 1921.

Sehr geehrter Herr!
Auch wir sind hocherfreut, Lehrern, Erziehern und weiteren Kreisen, insbesondere aber den Naturheilvereinen aus innerer Überzeugung . . . warm empfehlen zu dürfen, aus der Originalquelle Leser-Lasario zu schöpfen. Wir konnten uns im Kurse selbst überzeugen, dass die Atmungsmethode von Leser-Lasario von Kindern, Erwachsenen, Greisen, Gesunden und Kranken äußerst leicht und ohne Apparate angewandt werden kann. Sowohl zu Hause als auch im Freien, beim Spazierengehen, auf dem Wege von und zu der Arbeitsstelle können die Übungen ohne besonders aufzufallen, vorgenommen werden. Durch die selbst erzeugte (kostenlose) Innenenergieentfaltung konnten schon während des Kursus frappierende Erfolge festgestellt werden, wie z. B. auffallend günstige Veränderungen der Gesichtszüge, schwinden von Kröpfen, Abnahme der Atemnot usw. Auf Grund dieser gerade ans Wunderbare grenzenden praktischen Erlebnisse, die wir alle mit der „Leser-Lasario´s Vokal-typatmungs-Heilmethode" an unserm Leibe erfahren haben, wurde von den Kursteilnehmern einstimmig beschlossen eine Untersektion zu bilden, um die Lehre im Sinne des Entdeckers weiter zu üben und zu verbreiten, zum Wohle der Allgemeinheit . . . Mit Hochachtung
Verein für Gesundheitspflege und Naturheilkunde
Zürich-Örlikon und Umgebung
gez. L. Rickenbach, Oscar Flühmann, Frau Erna Altmann.

S. g. H. L.-L.! Wie glücklich bin ich, dass ich noch in Ihrem Atemkurs teilnehmen konnte . . . . und sofort innerlich und nach einigen Tagen auch äußerlich frappierende günstige Veränderungen erlebt habe.
Luzern, den 14. 11. 1921.
gez. Josy Birrer. Amtl. begl.

Bern, den 5. Dezember 1921.

Der Unterzeichnete bestätigt hiermit, dass der Schlaganfall infolge des Verschluckens in der Luftröhre von Herrn Leser-Lasario am Freitag, den 25. November 1921, abends gegen 11 Uhr, in seinem Lokal Cafe-Restaurant National vor Augen seitens seiner Angestellten und Gäste beobachtet wurde. – Hotel Cafe-Restaurant National Bern gez. S. Berner.

Verein für Volksgesundheit Bern
(Naturheilverein).

Wir freuen uns, mitteilen zu können, dass es uns gelungen ist, einen von ärztlichen Autoritäten bestens empfohlenen Atmungslehrer, Herr Leser-Lasario, für einen Vortrag mit praktischer Demonstration seiner Vokaltyp-Atmungs-Heilmethode zu gewinnen. Wichtig für Jung und Alt, für Lehrer und Erzieher, insbesondere für Alle, die in ihrer beruflichen Tätigkeit erzieherisch zu wirken haben.

„Berner Landeszeitung" am 26. November 1921.
Vokaltypatmungs-Heilmethode.

Letzten Mittwoch hielt Herr Leser-Lasario in Bern vor überfülltem Saale einen vielbemerkten Vortrag über seine neue Atmungslehre. Die günstigen Besprechungen, welche diese Vokaltypatmungs-Heilmethode in bedeutenden medizinischen Fachschriften gefunden hat und der Ruf, welcher dem Vortragenden als Atemhygieniker vorausging, war wohl geeignet, das hohe Interesse, das man seinen Ausführungen entgegenbrachte, zu erklären. Herr Leser-Lasario äußerte sich sehr eingehend über die Grundlagen seines Systems, und demonstrierte dessen Wirkungen auf anschauliche Weise.

Es kann nicht zweifelhaft sein, dass durch methodisch geregelte Tiefatmung ein wohltätiger Einfluss auf die inneren Organe des Menschen ausgeübt werden kann und dass die Methode Leser-Lasario's vor allen anderen Systemen berufen erscheint, Störungen in der Funktion der Atmung-Lunge und der Verdauungsorgane zu beseitigen. Richtig ist jedenfalls, dass Leser-Lasario in seinen Experimenten von Mittwoch, den Beweis dafür zu erbringen vermochte, dass er die Regelung der Spannungs- und Entspannungszustände bestimmter Körperteile vollkommen in der Gewalt hat. Es darf beigefügt werden, dass auch von ärztlichen Autoritäten unserer Stadt anerkannt worden ist, dass das Tiefatmungssystem Leser-Lasario auf wissenschaftlich einwandfreier Grundlage aufgebaut sei.

Naturheilverein Basel.
Basel, den 19. Februar 1922.
Er hat uns ganz neue Wege geführt, wie in so einfacher Art und im Erfassen der eigenen Innenkraft, es dem Einzelnen möglich ist, durch Blutwellenleitung nach allen Organen, sowie durch **Innenvibration** neues Leben auszulösen. Fast unglaublich für den Außenstehenden.

Mit allen Fasern seines Ich hat er in diesen Tagen gearbeitet, solange der Kurs stattfand, wofür wir ihm hiermit im Namen aller den herzlichsten Dank aussprechen. Schon während des Kursus hatten einige Teilnehmer gute Erfolge zu verzeichnen.

gez. Wehrle v. Präsident.

1922. Teplitz-Schönau, den 30. Oktober
Sehr geehrter Herr Leser-Lasario!
Im Namen unserer ganzen Bewegung freut es mich ungemein, dass wir Sie und dadurch Ihre so segensreiche Typatmungsmethode für die Tschechoslowakei gewonnen haben . . . Wer Mutter Natur und jede Reform für die geistige und körperliche Gesundung der Menschheit offen und ehrlich anerkennend fördert, wird mit uns eines Sinnes sein, dass wir in Ihrem Lebensborn ein Neuland zur Verjüngung und Veredlung des persönlichen „Ich" und Lebensgefühles betreten haben. Wir konnten es bei den Kursen, die Sie mit vollster Hingebung an die Sache leiteten, aus den Mienen der zahlreichen Kursteilnehmer und an der täglich wachsenden Begeisterung ersehen, wie sehr überzeugend jede einzelne Ihrer vielfältigen Atmungstypen wirkte. Es wurde dem allgemeinen Wunsche Ausdruck gegeben, wie im Auslande so auch hier eine Sektion „Vokaltypatmer" zu gründen zur Förderung des Volkswohles. Gleichzeitig gab man auch dem Wunsche Ausdruck, Sie geehrter Herr Leser-Lasario, nochmals zur Abhaltung Ihrer Kurse in Teplitz-Schönau zu bewegen und werden wir Sie mit großer Freude und Interesse wieder gerne begrüßen. Mit dem Wunsche, dass Sie überall gleiche Begeisterung und Anerkennung finden mögen, begrüßt Sie bestens Ihr aufrichtiger

gez. Johann.Tilg,
Centralinspektor der T.A.E.G.
Obmann des Naturheilvereins.

Prag, den 21. Dezember 1922.
Herrn Leser-Lasario!
Das, was Sie der Menschheit mit Ihrer erlebten Erfindung gegeben, ist nicht mit Kronen zu bezahlen! Sage voraus, es kommt die Zeit, wo das ganze Volk „Sie krönen wird!" Denn Sie opfern, helfen und leben für sie!
Mit großer Hochachtung!
Bianko-Wachtel-Eilenbrück
Gabrielle-Wachtel-Ellenbrück
Irama Lodgmann-Anen.

(Übersetzung). Naturheilverein Prag, den 21. Dezember 1922.
Herr B. M. Leser-Lasario!
Wollen Sie uns erlauben, dass wir uns auch zu Ihren Verehrern und Bewunderern Ihrer Vokaltypatmungs-Methode bekennen. Mit Begeisterung können wir konstatieren, dass wir schon nach sechstägiger Übung in dem Vokaltypsystem L.-L.´s bemerkt haben, dass diese Methode alle bisherigen Ausatmungs- und Einatmungssysteme weit übertrifft, und dass nach dieser kurzen Zeit schon viele Mitglieder des Vereins eine bedeutende Erleichterung und Gesundung festgestellt haben. Wir begrüßen in diesem neuen Atmungssystem bzw. in dieser neuen Methode, Ein- und Ausatmung betreffend, eine ausgezeichnete Ergänzung und leitenden Stern des Naturheilverfahrens.
gez. Ferdinand Stahlich,
d.Z. Obmann des tschechischen Vereins Prag.
Ant. Krofta, Redakteur.
Dr. Karl Sole.

Komotau, den 19. November 1922.
An Wohlgeboren, den sehr geschätzten Herrn B.M. Leser-Lasario, Atemhygieniker und Stimmbildner in Frankfurt a. M., derzeit in Komotau.
Es war mir eine Freude, dass ich Ihrem lehrreichen Vortrage über Ihre neue Vokaltyp-Atmungs-Heilmethode anwohnen konnte und ich bin froh, an Ihrem gemeinnützigen Lehrkurse darüber, vom 14. bis 19. November 1922 teilgenommen zu haben.
Ihre Methode ist durchaus naturgemäß, systematisch und zielbewusst und Ihre meisterhafte Behandlung und Vermittlung des kostbaren Lebensgutes hat mich, meine Frau und die zahlreichen Kursteilnehmer sehr interessiert und die Nützlichkeit Ihrer Heilmethode erkennen lassen. Ihre hingebungs-

volle Persönlichkeit stand hilfsbereit im Dienste edler Menschheit; daher sind wir Ihnen gern und bereitwillig in das Neuland verheißungsvoller Gesundheit und Lebenskraft gefolgt.

In genauer Befolgung haben sowohl ich als auch meine Frau schon nach den ersten Typübungen ein erhöhtes Wohlbefinden, das Schwinden eines Rachenkatarrhs, leichteres Atmen, erleichterte Herztätigkeit, erhöhte Arbeitsenergie sowie frischeres Aussehen wahrgenommen und sowohl wir beide als auch andere Kursteilnehmer waren von den sichtbaren Erfolgen sehr befriedigt.

Ihre Vokaltyp-Atmungs-Heilmethode wurzelt in physiologischem Grunde und löst im Innern des Menschen ganz neue, lebenswichtige Erscheinungen aus, die besonders auch für unsere Jugend in deren körperlichen Entwicklung, in der Erziehung und im Unterrichte von großem Nutzen sind; sie führen vielfach zu einer Verinnerlichung des Lebens, richten unsere Blicke auf die inneren Organe, deren Zweck und Verrichtungen, sie machen klarer unsere Gefühls- und Willenserscheinungen, fördern unser Gemütsleben und wirken sittlich veredelnd.

Schon in der Elementarklasse kann beim ersten Leseunterrichte bei der Behandlung der Vokale, z. B. des I der zugehörige I-Typ, der Bringer der Freude, – beim O der O-Typ, der ernste Geselle vermittelt, von den Schülern gefühlt sowie innerlich erlebt worden und diese psychischen Erlebnisse können von den Kindern ausgeforscht und beantwortet werden.

Die Schulkinder lernen z. B. durch den I-Typ und die Übung „PIU" nicht nur in konzentrierterem Maße ordentlich durchatmen, sondern sie erlangen durch die bessere und gründlichere Durchblutung des Gehirns eine leichtere Auffassung und ein dauerndes Behalten des gebotenen Lehrstoffes und Ihr „A"-Typ verscheucht rasch der Kinder Ermüdung. Das Wohlbefinden des Schulkindes wird bei planmäßiger und vernünftiger Anwendung Ihrer Heilmethode wesentlich erhöht und dadurch werden der Schulunterricht und die Schulerziehung erleichtert.

Unwillkürlich nehmen die Schulkinder durch des Lehrers einsichtsvolle Anwendung Ihrer passenden Vokaltypen bewusst und unbewusst seelisch Gefühlskontraste in sich auf (z. B. I-O-Typ), die Aufmerksamkeit, das Gedächtnis, die Phantasie und das Denken werden gefördert und das seelische Innenleben unserer Jugend wird belebt und vermehrt.

Besonders glaube ich, dass diese Übungen vor jeder Turnstunde bzw. vor Turnübungen angebracht sind, damit vor allem nicht bloß die willkürlichen Organe, die zu einer öfteren größeren Anstrengung führen, sondern auch die unwillkürlichen Organe, die viel wichtiger sind als die willkürlichen gelenkt und gefühlt werden.

Ihre Typen können auch beim Gesangsunterrichte zweckdienliche Verwertung finden.

Diese innerlich orthopädisch wirkenden Typen lösen stets eine wohltuende innere Wärme aus und sind daher für blutarme Kinder beim Unterrichte sehr zu empfehlen.

Die Kenntnis und zielsichere Anwendung Ihrer Vokaltyp-Atmungs-Heilmethode, die so spielend leicht und ohne aufzufallen überall wo gute Luft ist, ausgeführt werden kann, ist daher jedem Lehrer, insbesondere dem Elementarlehrer, aber auch den Eltern als den natürlichen Erziehern ihrer Kinder, sehr zu empfehlen:

Denn sie bringt Jungen und Alten Gesundung, Lebensfreude und Arbeitslust!

In größter Wertschätzung und in herzlicher Begrüßung Heinrich Halbgebauer, Direktor an der Staats-Lehrerbildungsanstalt in Komotau.

Amsterdam, den 15. Mai 1922.
Geehrter Herr Leser-Lasario!

Insbesondere spreche ich Ihnen meine große Bewunderung aus für Ihre Entdeckung, die unwillkürlichen Organe z. B. Lunge, Herz, willkürlich, ohne Anstrengung, auf leichte und einfache Weise zu beeinflussen. Ich sage Ihnen meinen herzlichsten Dank, dass ich Sie und Ihre praktische Methode zu schätzen kennen gelernt habe.

Jeanne Blijenburg
Concertzangeres en leerares solosang, Witsenstade 4.

Ein Urteil eines schwergeprüften Kriegsbeschädigten Akademikers.
Sehr geehrter Herr Leser-Lasario!

Es freut mich ungemein, dass ich Sie durch einen glücklichen Zufall während der Fahrt von Baden nach Wien am 24. Juli 1922 abends kennen lernte. Zuerst möchte ich Innen einen kurzen Überblick über meinen jetzigen körperlichen Zustand geben. Vor dem Kriege hatte mir niemals etwas gefehlt, als Beweis dafür gilt, dass ich sogar zu der Luftfahrtruppe kam. Leider wurde ich im Jahre 1918 (18. Juni) in Italien durch einen rechtsseitigen Halssteckschuss verwundet. Laborierte damit trotz gewissenhafter medizinischer Behandlung bereits 4 Jahre ohne Erfolg. Das Leiden verursacht mir eine stete Depression auf der ganzen Körperseite, öfters

Herzstiche, Mattigkeit der Sprachstimme, starke Neigung zur chronischen Laryngitis und dadurch oft große Störungen bei der Fortsetzung meiner chemischen Studien.

Heute, nachdem ich bereits Ihre verschiedenen Typen in mir durchgearbeitet (gebrühtet) habe, sind mir durch diese originell, rein psychophysiologische Erkenntnis Ihrer neuen Vokal-Atmungslehre die Augen zu meiner inneren Befreiung aufgegangen und ich verspreche Ihnen, treu alle Ihre Weisungen zu befolgen. Selbstverständlich werde ich nach sichtbar errungenen Erfolgen stets bemüht sein, dass ich es offen vor aller Welt bekennen werde zum Heile der leidenden und verirrten Menschheit.

Beim Studium musste ich öfters meine Stirne mit Äther und kaltem Wasser einreihen damit ich leistungsfähig bleibe.

Es freut mich aber Innen bereits heute schon mitteilen zu können, dass ich bereits eine sichtbare innere Erleichterung in mir fühle, eine Erleichterung, die sich durch allgemeine Lustempfindung kundgibt. Ich finde es geradezu unbegreiflich, wie man von dieser sogleich voll überzeugenden und einnehmenden Methode bis heute noch nichts in Wien zu hören bekam, aber es ist ja doch zu begreifen.

Bemerken möchte ich noch, dass, als ich Prof. Ch. über meine dumpfe, spröde und krächzende Stimme um Hilfe befragte, gab er mir zur Antwort, Ihnen fehlt die Elastizität des Stimmbandes. Am besten wird es sein, wenn wir mit Lapis versuchen würden zu pinseln. Nach 4 wöchentlicher ergebnisloser Behandlung wollte man mir probeweise meine sehr normalen, gesunden Mandeln und Nasenmuscheln entfernen, was ich aber selbstverständlich nicht zuließ.

Nach einiger Zeit wurde mir seitens der Klinik diagnosiert, dass mein Leiden akut, chronisch und daher unheilbar sei.

Ich verpflichte mich alle die mir Ihrerseits anvertrauten Geheimnisse ohne Ihrer Erlaubnis niemandem Preis zu geben.

Wien, am 30. Juli 1922.

Karl Pohl-Pöschel, cand. Ing. ehem. Wien I, Rotenturmstr.

„Der Frankfurter Atemhygieniker Leser-Lasario, dessen Schrift „Die zehn Gebote des Atmens" von Ärzten und Gesanglehrern sehr beifällig aufgenommen wurde, hat kürzlich auf Einladung ärztlicher Kreise und des Ministeriums für Volksgesundheit im Hörsaale des Professors Hajek in der Wiener Universität vor zahlreichen Zuhörern und vielen Ärzten und Studenten seine neue Vokalatmungsmethode vorgeführt. Der Vortrag erweckte bei den Ärzten und Medizinern, wie wir einem Bericht der Wiener „Volkszeitung" entnehmen, reges Interesse und wird sicher viele Studierende anregen, sich mehr mit dem Problem dieser „Atmungsgymnastik als Heilfaktor" zu beschäftigen." (Heidelberger „Badische Post" v. 30. Juli 1921).

Freiburg i.B., Haslacherstr. 91 IV., den 13. 9. 1921.
Geehrter Herr Leser-Lasario!
Ich als schwer geprüfter Lungenkranker (seit 1917), wo alle Mittel versagt haben, bin ganz erstaunt, dass ich heute früh beim „ersten Piuuuhuuu blasen" einen harten, zähen Schleimfaden von ungefähr 10 cm Länge ausgeworfen habe. Achtungsvoll Fr. Meyer, Mechaniker. Auch ich war erstaunt, so etwas bei meinem Manne zu sehen. – Frau Meyer.

Wir bestätigen hierdurch, dem Herrn B. M. Leser-Lasario, dass wir in Anbetracht des gesundheitsfördernden Zweckes für unsere Arbeiterschaft von ihm das Recht zum teilweisen oder ganzen Abdruck seiner bekannten Schrift „Die zehn Gebote des Atmens" erworben haben. Seine hygienischen Aufklärungen verdienen Förderung." Frankfurt a. M.-Fechenheim, den 10. Mai 1918. Präzisions-Maschinenbau-Gesellschaft m.b.H. Jos. Haase. gez. Diskus-Werke

Frau Oberleutnant. C.F., Frankfurt a. M. . . . „Ich bin sehr froh, durch Herrn Lasario´s Methode wieder völlige, Gesundheit und damit verbundene innere Ruhe erlangt zu haben . . . Er ist mit Recht wie alle Patienten und Schüler ihn nennen „Der Columbus der Uratmung!"

Freiburg i.B., „Breisgauer Zeitg." vom 15. Sept. 1921.
Das größte Moment in Leser-Lasarios Entdeckung ist, dass es ihm durch seine eigenen Leiden gelungen ist, den bisher geheimnisvollen Lebensnerv sympaticus (Mitleidenschaftsnerv), der unser ganzes Sein und Empfindungsleben (Freude, Leid, Verdauung usw.) bestimmt, in seiner vielfältigen natürlichen Erregbarkeit zu erraten. Weit höher noch, dass es durch seine neue Typenatmung endlich geglückt ist, dem innerenergielosen, schwachen Kranken die ihm fehlende Lebensenergie – nach dem momentanen Zustand des Kranken – zu dosieren. Eine große Zahl deutscher und ausländischer ärztlicher Autoritäten bedienen sich der Heilmethode mit großen Erfolgen.

51

Karlsruhe, „Badische Presse" vom 20. Oktober 1920.
Vortrag über Vokalatmungsheilmethode. Der Atemhygieniker B.M. Leser-Lasario hielt am Montag im Künstlerhaussaal einen Demonstrationsvortrag über seine vor 30 Jahren neuentdeckte Vokalheilmethode zur Verhütung und Heilung fast aller Krankheiten. Er zeigte an mehreren praktischen Beispielen, wie diese segensreiche Innenatmungsmassage durch seine psychische Vokalform Spannung und Entspannung im Körper auslöst, wodurch man die „unwillkürlichen" Organe, Herz, Lunge usw. „willkürlich" zu jeder Zeit beeinflussen kann. Gerade jetzt, wo so manches Herz infolge Unterernährung geschwächt ist, müsste ein jeder denken lernen, wie er Lunge und Herz am leichtesten schützt und es widerstandsfähig macht. Dass Leser-Lasarios Entdeckung von hoher Bedeutung ist, hat die Münchener Medizinische Wochenschrift vom 11. Juli 1919 in einem längeren Aufsatz bewiesen. Die Ausführungen des Redners, die von hohem Idealismus für seine Mitmenschen durchdrungen waren, fanden lebhaftes Interesse der Anwesenden und wurden mit starkem Beifall aufgenommen.

Frankfurt a. M., den 4. Februar 1920.
Das mir eigens machende Geständnis, dass es mir täglich zusehends besser gehe . . . seit ich mich in Ihrer Behandlung befinde, zwingt mich dazu, meiner seelenvollen Empfindung Ausdruck zu verleihen. Nachdem ich infolge meiner Leiden lange gekürt, bei Allo- und Homöopathen . . . Kneipp und . . . Kuren mitgemacht habe, Hypnose und Elektrizität vergebens waren . . . Meine Leiden . . . Allgemeine Erschöpfungszustände, Nervenschwäche, Energielosigkeit, Blutarmut, unregelmäßige Herzfunktionen, Angstgefühle, Unsicherheit auf den Beinen, beginnende Verkalkung, Rheumatismus. Nach Felkes Augendiagnose angebliche Quetschung der Wirbelsäule, Verdauungsbeschwerden etc., folgte ich . . . nach physiologischer (lebensfunktioneller) Hilfeleistung zu suchen, wurde ich durch Ihre Schrift: „Die 10 Gebote des Atmens" auf Sie aufmerksam gemacht . . . Sie erkannten schon in meinem Sprechton mein gesamtes Übel . . . nach den ersten Lektionen . . . von einem neuen Lebensstrome beseelt . . . Mein Herz schlug männlicher . . . Der lästige Kopfdruck und die Rückenschmerzen sind verschwunden . . . eine angenehme Elastizität macht sich bemerkbar, die mich zu . . . sportlicher Tätigkeit reizt . . . Wie sehr danke ich Ihnen, geehrter Herr Lasario, dass . . . ich mich in meiner Potenz viel gekräftigter fühle. Ich betrachte Sie als meinen Lebensretter!

Ihr zu aufrichtigem Dank verpflichteter
gez. Karl Fuchs, Ingenieur. (Not. Reg. Nr. 223 von 1920).

Frankfurt a. M., den 23. Juni 1920.
Aus innerlich getriebenem Herzen bewegt es mich, Herrn Leser-Lasario auf diese Weise für die an mir vollständig geheilten Leiden öffentlich meinen Dank darzubringen . . . langjähriges Lungen-Nierenleiden, Rheumatismus, Gebärmuttervorfall. Alle Verordnungen der Herren Professoren waren von keinem „dauernden" Erfolg . . . der Wunsch „volle" Gesundung wurde mir Erfüllung in L.-L.´s Behandlung und ich fühle mich veranlasst, allen leidenden, hoffnungslosen Menschen den wirklich sicheren Erfolg des Herrn L.-L. zu empfehlen.
Gez. Mina Ringg geb. Lohrey. (Nat. Reg. Nr. 991 von 1920).

Bad Nauheim, den 25. Juli 1919.
Sehr geehrter Herr Leser-Lasario!
Meine bisherige nervöse Benommenheit im Kopfe, Katarrh sowie Herzbeschwerden schwinden zusehends. Ich freue mich unendlich, auch die hiesige Bäderkur viel leichter als sonst durch ihre einflussreiche Methode durchmachen zu können; wofür ich Ihnen meine vollste Anerkennung zum Ausdruck bringe.
Wilhelm Frodermann. Amtl. Begl.

Herr Th. St. Bad-Homburg v. d. H.: „Selbstbekenntnis eines Stotterers!" . . . meinen tiefempfundenen Dank. Herr L. L. hat auf mich durch seine einzigartige und heilvollwirkende Methode nicht nur in den Sprach-muskeln, sondern durch seine „Atmungsformen" und zugleich „geformtes Denken" auch auf mein Empfindungsleben äußerst günstig eingewirkt. Ich lerne erst jetzt „durch ihn" ruhig fühlen und denken, was ich mit umso größerer Freude schätze und anerkenne . . ."

Seit vielen Jahren quält mich ein schweres Herzleiden, welches mir viele Beschwerden, wie: Atemnot, Beklemmungen und Herzkrämpfe verur-sachte. Alle meine bisherigen Bemühungen, von diesem Leiden befreit zu werden, waren vergeblich. – Auf Grund des Vortrages des Herrn Leser-Lasario, entschloss ich mich, seinen am 28. Nov. l. J. begonnenen atemhygienischen Kurs zu besuchen. Ich kann mit größter Freude und Genugtuung feststellen, dass die Heilmethode des Herrn Leser-Lasario auf mein Leiden äußerst günstige Wirkungen ausgeübt hat und dass ich schon nach 3 Kursabenden eine ganz hervorragende Besserung meines Leidens wahrnahm. Es ist mir daher ein Herzensbedürfnis B. M. Leser-Lasario, Atemhygieniker, für seine erfolgreichen Bemühungen den herzlichsten Dank zum Ausdruck zu bringen und gleichzeitig allen jenen, die von dem gleichen Leiden geplagt sind, die Heilmethode des Herrn Leser-Lasario wärmstens zu empfehlen.

Gablonz. Marie Scheufler, Wustungergasse 54.

Öffentliche Danksagung.

Herr Dr. Arth. Sauer, Zwingenberg (Hessen), 5. Novbr. 1919., . . . Lasario erblickte die Ursache für Atembeschwerden in den völlig vernachlässigten Atem- und Sprachorganen. (Hochlagerung und Verwachsung des Zwerchfells!) Durch unstreitig originelle Atem- und Sprechübungen . . . gelang es ihm das Zwerchfell innerhalb weniger Wochen um 3 cm zu senken . . .

St. Gallen, den 1. Februar 1922.

Zu meiner freudigen Überraschung kann ich allen Kursteilnehmern bezeugen, dass Leser-Lasario's Methode mich heute früh nach Anwendung von 3-4 Übungen (Typ Piiihiiii) von meinen heftigen Kopfschmerzen befreit hat.

Die neuen Atmungsthesen

Willst Du heilen und genesen
Deiner Übel, Not und Pein,
Lass die neuen Atmungsthesen
Führer Dir und Retter sein.

Auf dass Deine Kraft sich stähle.
Gib dem Geist erst die „Form",
Dann gelangt auch Deine Seele
Zu der rechten Lebensnorm.

Zielbewusstes ernstes Streben,
Macht die alten Fehler gut;
Wandelt um Dein ganzes Leben,

Schenkt Dir Freude, Kraft und Mut.

Ja ich sag es unverhohlen;
Welches auch Dein Leiden sei,
Durch „geformtes Atemholen"
Machst Du sicherlich Dich frei.

Mühsam musst ich lange suchen
Eh den rechten Weg ich fand,
Komm, den Heilweg zu versuchen,
Reich ich hilfreich die Hand.

Nicht der Geldsucht schnöder Trick
Nicht des Ruhms eitler Wahn
Echte wahre Menschenliebe
Treibt mich Dir zu helfen an!

B.M. Leser-Lasario

Die neue Vokaltyp-Atmungs-Methode

Atem ist Leben

Der Mensch reguliert seine Blutzirkulation selbst!

Die zehn Gebote des Atmens

von Leser-Lasario

Bearbeitet von Frau Maria Gerwig
Konzentration und Spezialistin für
Atemhygiene und Stimmbildung

Fünfte Auflage

Atem – ein mächtiger Heilfaktor!

Die neue Vokaltyp-Atmungs-Methode
Neu entdeckte Wege zur Vorbeugung
und Linderung von Krankheiten und
zur Verjüngung des Körpers – Bester
kostenlose Schutz gegen Ansteckung

Gedicht

Seid mir gegrüßt, ihr neuen Atmungsthesen,
Die unverhofft und ohn' viel Wesen
So manchem große Freud' gebracht.
Wer fleißig ist und mit Bedacht
Sie übt in allen Tagen,
Dem haben sie schon oft genug
Das Glück ins Haus getragen.
Ob Herz, Hals, Lunge oder Kropf ihn schmerzt,
Er kann zugreifen ganz beherzt.
Auf I, auf E, auf A und O,
Es macht ihn jeder Typ gleich froh,
Wenn man im Geist bedenkt die Form,
Das gibt die rechte Lebensnorm.
„Volltiefatmung" mit ihr sich verweben,
Sie ist die Sonne, das wahre Leben
Für jeden Menschen groß und klein.
Drum mög' sie unser Leitstern sein.
Wird nicht vergessen auch zu singen,
Kann unser Herz viel höher schwingen.
Geist und Körper können gefunden,
Leicht ist alles überwunden,
Was uns so oft und hart bedrückt;
Darob sind wir dann ganz entzückt.
Muss Einem noch danken, der alles vereint,
So dass mir dauernd die Sonne nun scheint.
Hab' tausend Dank Du Schöpfer Du,
Der Du schon hier mir gabst
Gesundheit, Frieden und Ruh!

Maria Gerwig

Atem ist Leben

Motto: Mutter Natur hat Dir´s befohlen,
Dein ganzer Körper soll Atem holen!

Leser-Lasario

Das Leben heißt Atem, ohne Atem kein Leben! Es ist wohl heute mehr oder weniger bekannt, dass der Atem ein wichtiger Lebensfaktor ist, dass er der Allerwichtigste ist, das wissen nur die wenigsten Menschen. Sauerstoff ist Lebensstoff. Nur wer ihn in genügendem Maße durch geregeltes Atmen zu sich nimmt, wird sich dauernder Gesundheit und steigender Lebensfrische erfreuen dürfen. Darüber ist schon oft und viel geschrieben worden, und man sollte es deshalb nicht für möglich halten, dass die Menschheit dem wichtigsten Lebensfaktor, dem Atem so fremd und unwissend gegen-übersteht. Es gibt immer noch Kreise genug, die von einem Gesund-heitsatmen keine Ahnung haben; das ist sehr bedauerlich.

Von der Diät wird viel gesprochen. Dem Atmen dagegen schenkt man keinerlei Wichtigkeit; ja es bedeutet sogar, methodisch geübt, einen mächtigen Heilfaktor. Schon die Tatsache allein, dass wir Tage und Wochen leben können ohne zu essen, jedoch nur wenige ohne zu atmen, sollte zu denken geben.

Durch unrichtiges, ungenügendes Atmen muss der Mensch früher oder später krank werden; dies nicht zuletzt durch den Umstand, dass ungenügende Sauerstoffzufuhr auch mangelhafte Verdauung zur Folge hat. Noch wissen viele nicht, dass richtiges Atmen mit richtiger Ernährung vereint, neue Lebenskräfte auswirkt und nicht nur lauernde Krankheiten abwehrt und bestehende Leiden bessern kann, sondern auch das ganze Lebensgefühl des Menschen erhöht. Von den mannigfaltigen direkten Gesundheitsschädigungen, die im mangelhaften Atem ihre Ursachen haben, ganz zu schweigen.

In meinen Kursen habe ich die Gelegenheit zu beobachten, dass selten ein Mensch richtig und ausgiebig atmet, so dass ich beinahe versucht bin, zu behaupten, dass ungenügendes Atmen die Krankheit unserer Zeit ist. Wie gut wäre es da, wenn man schon in den Schulen, so gut man eine Rechenstunde obligatorisch einlegt, auch eine Atem- und Diätstunde einlegen würde. Damit würde der Mensch etwas für sein Leben sehr Wertvolles gewinnen, das ihn vor vielem Unheil zu schützen vermochte.

Es ist ganz merkwürdig, dass das richtige Atmen so in Vergessenheit geraten konnte, zumal wir, so alt das Menschengeschlecht ist, von Gesundheit-Atmung Spuren finden. So gebrauchen die Chinesen schon 2000 Jahre vor unserer Zeitrechnung ein sehr kunstvolles, willkürliches Atemholen als Heilmittel, die Inder schon 1300 v. Chr., und dass die griechischen und römischen Ärzte Galenus und Celsus mit Atem heilten, ist eine bekannte Tatsache. Daraus ersehen wir, dass in alter Zeit auf die Atmung mehr Wert gelegt wurde, als in unserer Zeit. Trotzdem schätzen doch auch viele Ärzte den Atem sehr hoch, wie Prof. Eulenberg, Dr. Neumann, Dr. Riemeyer, Dr. Sonderegger, Prof. Dr. Jäger, Dr. Gerdis, welch' letzterer sagt: „Eins ist not, naturgemäß atmen!"

Auch Dr. Weil, ein eifriger Vertreter der Atmungslehre sagt: „Wir Menschen sind aber Luftgeschöpfe und von der Zufuhr guter Luft in hinreichendem Maße hängt unser ganzes Wohlbefinden ab. Sie hilft uns Krankheiten nicht nur zu überwinden, sondern sie zu beseitigen und in kürzester Zeit oft Heilung zu bringen. Was aber am wichtigsten ist, sie schützt und behütet uns vor Krankheiten der Atmungsorgane, besonders vor der gefürchteten Lungenschwindsucht und Tuberkulose!"

Dr. Weil schreibt weiter: „An maßgebender Stelle wird viel zu wenig oder gar nicht auf altbekannte Tatsache Gewicht gelegt, dass Krankheiten verhüten, besser ist, als Krankheiten heilen. So anerkennenswert es ist, dass man für die nach Millionen zählenden Lungenkranken und Tuberkulösen Lungenheilstätten einrichtet, dass man Kongresse der berühmtesten Ärzte einberuft, um über die Tuberkulose zu beraten, dass sich vieles unendlich gebessert hat, seitdem feststeht, dass die Tuberkulose ansteckend ist, vernachlässigt man doch meiner Ansicht nach das Wichtigste, das darin besteht, die Lungenkrankheiten nach Möglichkeit zu verhüten und einzuschränken, dadurch, dass man versäumt, in Schulen und im Turnunterrichte die entstehenden Generationen auf das richtige Atmen einzuüben. Unzweifelhaft steht fest, dass wir mit der Zeit eine gesündere Bevölkerung haben würden, wenn erst die Bedeutung des richtigen Atmens dem Volke in Fleisch und Blut übergegangen wäre.

Aber man richtet an maßgebender Stelle sein Augenmerk nur auf die Ernährung durch Speise und Trank, während man der kostenlosen Ernährung durch die Luft wenig Beachtung schenkt, wenngleich nicht geleugnet werden soll, dass in Bezug auf Wohnräume, Ventilation,

Sauberkeit auf Straßen, der Aborte usw., Großes geleistet worden ist. Aber leider fehlt noch vielfach das Verständnis, alle diese Fortschritte im sozialen Leben als Vorteil für die eigene Gesundheit auszunützen. Es bedarf nicht teurer Badereisen und langen Aufenthalts im Gebirge und an der See; auch der Unbemittelte findet überall Gottes reine Luft und kann sie genießen, wann er und wo er will."

So lautet Dr. Weils Motto: „Mehr atmen, weniger essen und trinken!" Und er schreibt dann weiter: „Nicht allein, dass solche Lebensweise gesünder ist; wie würde vielen auch der Kampf ums Dasein leichter, wenn sie nicht schon eine Unsumme für ihre Nahrung ausgeben müssten, wofür sie manches andere leisten könnten!" Je größer und vollkommener der Atem, um so vollständiger löst sich die Nahrung auf. Daher ist es natürlich, dass ein Mensch mit geformten Atem, der die Nahrung zu vollkommener Aufsaugung (Ausnützung) bringt, kaum die Hälfte an Nahrung braucht, als wie ein solcher mit ungenügendem Atem.

Die heutige Naturwissenschaft gibt uns sehr wertvolle Aufklärung über die Stoffwechselvorgänge des Körpers. Es wird festgestellt, dass der Mensch nur den fünften Teil, also 20 % vom Sauerstoff ausnutzt. Durch die Lungebläschen gelangen diese 20 % ins Blut und werden dort vom Hämoglobin, dem Farbstoff im Blut gebunden. Auf diesem Wege des Blutes, das in einem Gefäßsystem fortbewegt wird, geschieht die Ernährung der Organe und der Zellen. Der Sauerstoff ist die rein lösende Nahrung und wenn das Blut dauernd rein erhalten werden soll, so muss auch den Zellen und den Organen täglich genügend Sauerstoff zugeführt werden. Wie manchen hätte man gewiss schon helfen können, wenn es möglich gewesen wäre, dem kranken Organ und Körper sauerstoffreiches Blut im Sinne der Prof. Bierschen Hyperämie-Versuche zuzuführen. Diese Ernährung kann aber nur vollständig und ausreichend sein, wenn die Kraft da ist, das Blut nach allen Körperteilen zu senden, was wieder aber nur möglich ist, wenn das Herz genügend mitarbeiten kann. Je mehr an Sauerstoff den Zellen und den Organen zuführt, um so mehr wird somit die allgemeine Tätigkeit des Organismus erhöht.

Unser Körper ist aus lauter kleinen Lebewesen, die man Zellen nennt, zusammengesetzt. Sie sind zum Aufbau unseres Körpers notwendig und bilden gewissermaßen ein Staatswesen, den sogenannten Zellenstaat. Unser Leben, unser Sein ist ja nichts anderes, als das Leben jener Billionen Zellenlebewesen in unserem großen Zellenstaat, und wie sich dieses abspielt, aktiv (freudig) und passiv (leidend), hängt davon ab, wie viel von diesen Zellen in Funktion sind, was unsern Gesamtzustand ausmacht. Je mehr Zellen sich an der Atmung beteiligen, umso größer ist das Leben. Ja mehr wir vollkommen atmen lernen, desto mehr werden wir unseres Körpers und Geistes bewusst. Der vollkommene Atem überträgt Leben in die innersten, feinsten Zellen des Gehirns, die bisher bei der schlechten Atmung noch schlummerten. Diese erwachen und treten in Tätigkeit. Sie erwecken mit dem geformten Atem Energiekräfte und Fähigkeiten, die bis zu ganz neuen Wegen führen. Dadurch wird der Kampf ums Dasein leichter und Leiden aller Art werden sicherer überwunden.

Es muss jeden einleuchten, dass der Atem für das Nervensystem ein wichtiger Faktor ist. Der gesamte Organismus – Körper, Geist und Seele – wird durch das Nervensystem entwickelt, aufgebaut und erhalten. Bei den wenigsten Menschen aber ist das Nervensystem in genügender Tätigkeit. Da fehlt es dann oft genug an Kraft, nach den verschiedenen Nervenzentren Nahrung zu senden. Das ist besonders für Kopfarbeiter für großen Nachteil, weil die Gedankenfülle, die in dem Nervensystem, den Gehirnzellen, aufgespeichert schlummert, nicht entfaltet werden kann. Je mehr man durch gehaltvolle, leichte Speisen seine Nervenkräfte schont, umso rascher wird man in Verbindung mit diesem seelische geformten Atemübungen eine Ausdauer und Willenskraft erhalten, über die man selbst staunt.

Wer regiert aber das alles? Der Sitz dieser Regierung ist das Gehirn. Somit wird der Sinn des Satzes des Demosthenes: „Der Geist baut den Körper", zur wahren Tatsache. Um diese Tatsache aber zu erkennen, ist es notwendig, eine Methode ausfindig zu machen, die unsere Kraft eine richtige und möglichst sparsame Verwendung zusichert, um das menschliche Leben nicht zu verkürzen. Washington Irving sagt von seinem großen Namensvetter mit Recht: „Er hatte sich die Zauberkraft der Methode erworben, die an ihm selbst Wunder wirkte." Goethe sagte schon: „Wie das Leben selbst, so will auch die Gesundheit täglich neu erkämpft werden und erobert sein. Wie jeder seines Glückes, so ist er auch seiner Gesundheit Schmied!"

Nun gibt es auf jedem Gebiet eine Menge Methoden, so auch für die Atmung, und wohl dem, der die richtige für sich findet. Meine Methode, von der ich sprechen will, ist nach dem System Leser-Lasario aufgebaut. Ich selbst habe ihr Großes zu verdanken und somit auch Herrn Leser!

Diese Atmung ist besonders wertvoll, weil eine Innen-Nerven-Atmung und Innenmassage ist, die den Körper stärkt, massiert und reinigt. Diese spezielle Methode des seelisch geformten Atmens kann ohne richtige

Anleitung nicht praktisch geübt werden. Sie würde bei falscher Ausführung sehr schaden, da jede Form und Gebärde eine verschiedenartige Blut-zirkulation auslöst. Es ist in besonderen Kursen Gelegenheit geboten, diese leichtfassliche, segensreiche Methode kennen zu lernen, worüber Näheres am Schlusse zu finden ist. Zweck dieser speziellen inneren Atmung ist, allen Kranken Linderung zu verschaffen, Gesunden aber ein sicheres Vorbeugungsmittel gegen Krankheiten zu geben und sie vor Ansteckung zu schützen. Sie hat viele Dankschreiben und Anerkennungen aus dem In- und Ausland von Professoren, Ärzten und Gesangsgrößen aufzuweisen, was genügend bestätigt, dass die Sache auch das hält, was sie verspricht. Sie weicht von den anderen Methoden ab, da keine äußere Gymnastik damit verbunden ist, und sie eine Innenmassage, mit Gesang verbunden, sogar eine Innenhöchstmassage darstellt. Gymnastik, Turnen und Singen (auf letzteres komme ich noch näher zu sprechen), können ohne richtige Atmung mehr schaden als nützen. Man übt beim Turnen die Muskeln, stärkt aber nicht die Lungen. Das Geheimnis des Lebens liegt aber nicht in der Entwicklung der Muskeln allein, sondern in derjenigen der Gehirnkraft zumal in unserer heutigen hastenden Zeit unser Erfolg viel mehr von Gehirn und Nerven abhängt, als von unseren Muskeln. Solche Gymnastik ist darum oftmals eher zweckloser Verbrauch der Nervenkraft. Das beste Beispiel haben wir bei den Athleten, die trotz großer Muskelkraft oft genug plötzlich an einen Schlaganfall sterben. Warum wohl? Weil sie eben ihre edelsten Organe, Herz, Lunge usw. dauernd belasten, statt sie zu entlasten. Bei dieser Methode indessen ist es gerade das Wunderbare, dass auch das kränkste Herz mitgeht, da sie nur mit Leichtigkeit und Elastizität ausgeübt wird und jede Überanstrengung verbietet. Darum wird auch jeder Atemzug wohltuend und erleichternd empfunden.

Die Voraussetzung jeder richtigen Atmung ist die Forderung, durch die Nase zu atmen. Die viel verbreitete Gewohnheit durch den Mund zu atmen, ist eine große Unsitte. Der Mensch kann durch Nase und Mund atmen; es ist aber der große Unterschied, dass die Atmung durch die Nase Gesundheit bringt, weil sie die richtige ist, während die andere, falsche, durch den Mund, zur Ursache vieler Krankheiten wird. Es ist wirklich traurig, dass man darüber so viel schreiben und reden muss, aber es ist unbedingt notwendig, da die Menschen das richtige Atmen verlernt haben. Macht man doch Beobachtungen, dass ganze Familien, nicht nur Kinder, mit offenen Munde atmen. Was soll aus den Kindern werden? Die schädlichen Folgen erstrecken sich nicht nur auf den Körper, sondern auch auf den Geist.

Die Mutter bei den wilden Völkern wird durch einen gesunden, normalen Instinkt geleitet. So las ich einmal, dass sie ihren Säugling folgendermaßen trainiert, seine Lippen zu schließen, um durch die Nase zu atmen. Sie beugt seinen Kopf nach vorn, wenn er schläft und in dieser Stellung ist er gezwungen, durch die Nase zu atmen. Wenn unsere Mütter ihrem Beispiel folgen wollten, so würden sie ihren kleinen einen großen Dienst erweisen, der auch ihnen selbst später zugute käme. Der Mund ist zum Sprechen und Essen da, niemals zum Atmen. Wer mit offenen Mund atmet, darf sich niemals wundern, wenn er leicht von ansteckenden Krankheiten befallen wird. Zu einem weiteren Haupterfordernis einer einwandfreien Atmung gehört vor allem eine entsprechende Sauberkeit der Atmungswege, besonders der Nase. Viele glauben, wenn sie nie ein Taschentuch benützen, dass ihre Nase in bestem Zustande sei. Leider sind die Schleimhäute dieser Unwissenden oft schon in einem üblen Zustand, dass sie überhaupt nicht mehr reagieren, ihre Drüsen keine Flüssigkeit mehr absondern, wenn noch so viel Staub in die Nase eindringt. Die Schleimhäute, mit denen die Nase wie mit einer Tapete ausgekleidet ist, haben, wie alles in unserem Körper, einen Zweck, der aber besonders wichtig ist. Die Nasenschleimhäute, die mit feinen, mit Flimmerhärchen besetzen Zellen ausgestattet sind, sollen die umherfliegenden Staubteilchen auffangen und gelegentlich durch die Absonderung der Drüsen ausscheiden. Sodann ist es sehr schädlich, gleich kalte Luft in Hals und Lunge eindringen zu lassen, statt sie in der Nase erst anzuwärmen, zu ventilieren. Deshalb kann man auch sagen, die Nase ist der Ventilator, das Sieb und der Wächter der Lunge. Wenn man nun weiß, wie nachteilig solche Atmung bei allen Menschen und besonders bei den Kindern in den Entwicklungsjahren ist, dass sie Geist und Körper beeinträchtigt, so sollten Eltern und Erzieher streng darauf achten, dieses Übel zu beseitigen. Wenn sie nicht wissen, wo die Wurzel des Übels sitzt, sollten sie an fachmännischer Stelle unbedingt beraten lassen.

Die Ursachen der Verstopfung der Nasenwege können verschiedener Art sein. Sie liegen oft an Entzündungen der Schleimhaut, die zu Anschwellungen führen, oder am Bau des Nasengerüstes, besonders der Nasenscheidewand und der Nasenmuscheln. Auch Polypen sind ein sehr störendes Hindernis für die richtige Atmung. Doch zeigen sich diese im frühen Kindesalter selten und sind eigentlich vielfach durch schlechte Atmung bedingt. Die Hauptursache besonders bei Kindern liegt an der Vergrößerung der Rachenmandel in der Rachenhöhle. So stellte Dr. Kasemann (der 2238 Schulkinder untersucht hat) fest, dass ausgesprochene

Vergrößerung der Rachenmandel, also Behinderung der Nasenatmung bei 7,8 % der untersuchten Knaben vorhanden war. Bei den Mädchen waren es sogar 10,6 %. Es zeigten sich von diesen Knaben fast drei Viertel schwerhörig, von den Mädchen ein Viertel schwachsinnig. Dies gibt gewiss zu den größten Bedenken Anlass. Kinder mit behinderter Nasenatmung, sind die steten Sorgen der Eltern. Sie sind dauernd erkältet und es lösen Schnupfen, Husten, Rachen- und Bronchialkatarrh einander ab; ihr Brust bleibt unentwickelt, sie werden Flachatmer, bei denen sich oft genug Lungenspitzenkatarrh einstellt, die meist später auch zu der so gefürchteten Tuberkulose neigen.

Trotzdem braucht niemand ängstlich zu sein, wenn er nur seine Pflicht tut. Allerdings ist niemand im Stande, sich gegen das Eindringen der Tuberkulosebazillen zu schützen; aber jeder ist in der Lage, das kostenlose Mittel, den Atem, anzuwenden, um sich gegen das Einnisten derselben durch ein paar geformte Atemzüge täglich erfolgreich zu wehren. Nasenatmen tötet die Bazillen (der geläuterte Sauerstoff), ist also das beste Vorbeugungs- und Schutzmittel. Dr. Bickling sagt schon: „Der Sieg im Kampf gegen die Lungenkrankheiten liegt einzig und allein in der richtigen Inanspruchnahme der Lunge. In der Gymnastik des Atmens liegt die Methode zur Heilung der Schwindsucht."

Darum atme richtig und nochmals sage ich, jeder atme für sein teures Leben! Leser-Lasario sagt:

„Warum leiden viele Menschen? – Sie leiden, weil sie nie durchatmen, niemals durchventilieren. Es wird in ihrem Körper niemals Spannung und Entspannung unabhängig voneinander reguliert.

Was ist das? – Spannung und Entspannung ist unser Lebensdualismus, unser Sein und Nichtsein. Hängt doch unser ganzes Leben einzig und allein von dieser dualistischen Lebensspannung und Entspannung ab. Wie soll, wo ungenügende Durchblutung des Körpers, d. h. ungenügende Organfunktion, die Ursache der Erkrankung ist, Ruhe und Diät allein zum Erfolge führen? Lebensfunktionsstörung ist Lebensmanko; fehlendes Leben kann aber nur durch Leben wieder ersetzt werden. Wo Stauungen und Schmerzen kommen, ist eben ungenügende Durchblutung.

Was ist Krankheit? – Krankheit ist nichts anderes als Krieg im Körper. Doch wird Krieg nicht mit Munition und Waffen ausgefochten, sondern in unserem großen Zellenstaat zwischen dem elastisierten und dem unelastisierten Zellengewebe. Gelingt es dem Erkrankten, sein brachliegendes Zellengewebe, d. h. die mit Fremdkörpern und allerhand

Schlacken belasteten Blut- und Körperzellen, auf natürlichem Wege von innen heraus zu entlasten, dann hat er den Krieg gewonnen – er ist gesund! Nun gibt es, wie schon gesagt, viele Arten von Atmungen; doch ist die Vollatmung die wertvollste. Während bei den anderen Atmungsarten die Atmungsorgane nur ungenügend arbeiten, treten sie bei dieser Atmung voll in Tätigkeit. Da ist es denn auch nicht gleich, ob man diese Atmung nur „wild" oder „geformt" macht, wie ich sie lehre.

Diese Atmung heißt Vokaltyp-Atmung. Durch sie wird das gesamte Blut bis in die äußeren Winkelspitzen des Organismus geleitet. Es werden alte Ablagerungen (Schlacken) gelöst, der Sauerstoffwechsel vermehrt, geregelt und durch entsprechende Ausatmungstypen eine vortreffliche Reinigung der Organe herbeigeführt, so dass der Sinn des Satzes des Demosthenes, „der Geist baut den Körper", bei dieser Methode wirklich zu seinem Rechte kommt. Jeder bekommt das Steuer in die Hand, den Atem an die Stellen zu leiten, wo er ihn gerade nötig hat.

Ich habe in meinen Kursen mir zur Aufgabe gemacht, auf die Sprachhygiene einen ganz besonderen Wert zu legen, da die meisten Menschen falsch sprechen, was Nervenkraftverbrauch ist. Ganz besonders haben darunter die Lehrer und Redner, die viel halskrank sind, zu leiden, und warum sollte man es nicht auch einem Laien sagen, wenn er seiner Gesundheit was Gutes tun kann. Wer Sprechhygiene lernen will, muss so gut Jahre studiert haben, als wenn er Ton- und Stimmbildung lehren will. Ich möchte behaupten, dass das richtige Sprechen fast noch schwerer ist als das richtige Singen, da der Ton beim Singen schon von Natur mehr nach oben drängt. Meine großen Erfolge auf diesem Gebiete führe ich nur darauf zurück, dass ich alles an mir selbst erlebt habe. Leider hört und liest man oft genug, man soll für richtiges Sprechen Gymnastik treiben und mit „S" und „F" ausatmen. Ich kann mir nicht denken, wie Sprechton auf diese Weise in die richtige Lage kommen soll. Wir können vielleicht unseren Körper so stärken, aber doch niemals richtig sprechen lernen. So wie das Endziel des Sängers oben ist, muss auch der gute Redner dasselbe Ziel haben, wenn er Ausdauer und Kraft in seiner Stimme haben will. Es gibt eben gar viele Lehrer, die nur kurz, oder aus Büchern gelernt haben, zu lehren. Der arme Schüler wird bei ihnen nicht viel lernen können und seine kostbare Zeit und sein Geld werden ihn nicht freuen können.

Ich habe schon unterrichtet in weite Ferne ohne meine Schüler gesehen zu haben mit besten Erfolg. Es kommt nur auf das heilige „Wie" an, dann kann man auch das Sprechen so gut wie das Singen schriftlich erteilen.

Das Bild zeigt das Resultat einer Untersuchung der Leser-Lasario'schen Vokal-Atmungs-Heilmethode der einzelne Atmungs-Typen wie diese gleichzeitig verschiedentlich die Blutzirkulation (Leben) beeinflussen können.

Die Atmungstypen (Atmungsformen)
von Leser-Lasario

Die Vokaltypatmung beruht darauf, dass ein Vokal gedacht wird und gesprochen oder gesungen eine ganz bestimmte Gefühlsstimmung im Körper auslöst. So sind die fünf Grundtypen:

- Der I-Vokal im Kopfe mit lachender Gebärde
- Der E-Vokal im Hals mit freundlicher Gebärde
- Der A-Vokal in den Lungen mit neutraler Gebärde
- Der O-Vokal im Herzen mit ernster Gebärde
- Der U-Vokal im Magen, Darm mit sehr ernster Gebärde.

Diese örtlich begrenzten Wirkungen im Körper können am Röntgenschirm wahrgenommen werden, wie es obige Aufnahme in der Wiener Klinik durch Professor Hajek zeigt. Außer diesen hat Leser-Lasario noch viele dem Einzelfall angepasste Vokalformkombinationen geschaffen, wie z. B. für Asthma, Nieren-, Leber-, Nervenleiden, Stoffwechselkrankheiten wie Zucker, Rheumatismus, Gicht, Ischias usw.

I-Typ hat Höhenwirkung. Schon allein die Gebärde des heiter empfundenen I-Lautes wirkt Wunder in der Ableitung bei Kopfschmerz, Kongestionen (Blutandrang) im Gehirn, sowie Herzkrämpfen. Auch bei Ohren und Nasenbeschwerden wirkt dieser Typ sehr gut, wenn er genau nach den Weisungen ausgeführt wird, welch letzteres auch für alle anderen Typen gilt. Verkalkung wird schon durch diese Übung vermindert.

E-Typ wirkt in seiner langgedehnten Kette auf Hals, Kehlkopf, besonders auf Kröpfe, durch die Innenvibrationsmassage, die er speziell an jenen Stellen auslöst. Er ist von besonderer Wichtigkeit für Sänger, Lehrer, Redner und alle Personen, die ihre Stimme viel gebrauchen müssen, da er die Stimmbänder, Schleimhäute und Drüsen durch erhöhte Blutzirkulation anregt.

A-Typ beeinflusst ganz besonders die von Natur stiefmütterlich beschaffenen, gewöhnlich so sehr vernachlässigten Lungenspitzen und den obersten Brustteil; kommt daher besonders in Anwendung zur Verhinderung von Krankheiten, die die Lungenspitzen betreffen und bildet ein sicheres Vorbeugungsmittel gegen die gefahrvolle, so gefürchtete Tuberkulose. Es wird deshalb dieser Typ von ärztlicher Seite auch ganz allgemein für alle Menschen, also auch für die gesunden, empfohlen, speziell aber für jene, die in gebeugter Stellung und in geschlossenen, schlecht ventilierten Räumen arbeiten müssen.

AE-Typ wirkt auf den Schlund, elastisiert die Keilbeine, durchblutet das Gehirn, regt dasselbe an und hebt, bei richtiger Spannung ganz besonders die drei zusammengepressten, obersten Rippen, wodurch gleichzeitig die Lungenspitzen günstig beeinflusst werden. Man nennt diesen Typ „Wecktyp", da er so vielseitige Wirkungen auslöst und sich besonders wohltuend fühlbar macht, wenn man ermattet, abgespannt und müde ist! Die Elastisierungsmöglichkeit, sowie die hervorgerufenen Energien durch diesen Typ sind ein Schutz und eine Vorbeugung gegen Schlaganfälle. Selbst bei schon erfolgten Anfällen wirkt er, richtig angewandt, helfend und lindernd. Eine nicht geringe Wirkung ist auch jene, gegen die so häufig drohende Verkalkung des Gehirns.

Kombinierter **OA-Typ** beeinflusst den mittleren Lungen-Brustteil, wirkt günstig und lindernd bei durch Wunden zurückgebliebenen Schwarten oder bei Vernarbungen, die durch Lungen- und Rippenfellentzündungen entstanden sind.

O-Typ wirkt auf die Herzgegend. Dieser Typ darf nur angewendet werden, wenn die anderen Typen leicht gelingen und nur nach genauer Weisung, da er große Spannung in der Herzgegend auslöst, weshalb Herzkranke, Nervöse und schwächliche Personen diesen Typ anfangs lieber weglassen sollen! Der erste Herztyp für schwächliche und leicht herzleidende Personen, leitet die Blutwelle vom Herzen ab und wirkt dahin, dass nach seiner Übung auch der zweite mit Mäßigung geübt werden kann.

Ö-Typ beeinflusst Zwerchfell, Leber und Magengegend, auch hier gibt es drei Arten von Entspannungsmöglichkeiten (Ausatmungsformen).

Kombinierter Uü-Typ wirkt auf die Nierengegend und wird als innenorthopädische Massage deutlich empfunden.

U-Typ beeinflusst schon bei treuer Einhaltung der Gebärde bei der Einatmung die Unterleibsorgane, weshalb er auch Unterleibstyp genannt wird. Richtig angewandt, bessert er langjährige bestehende Stuhlverstopfung und Darmträgheit. Besonders die intensive Ausatmung wird wohltuend von den Frauen empfunden.

Kombinierter Ui-Typ hat besondere Wirkung auf den Mastdarm und bildet die stärkste und kräftigste Form zur Anregung und besseren Funktion eines träge arbeitenden Verdauungsapparates, daher für Verstopfung auch sehr zu empfehlen.

EU-Typ für schwache Augen, Augenleiden, von einer meiner fast erblindeten Kursusteilnehmerin entdeckt. Verkreuzte Atmung, wunderbare für Schnupfen, Stockschnupfen und Stirnhöhlenkatarrhe, auch neu aufgenommen wie noch vieles.

Außer diesen gibt es auch noch andere, dem Einzelfall angepasste Vokalformkombinationen.

Ganz besonders wertvoll ist auch noch der **Schlaftyp**, der den Schwerstleidenden den ersehnten Schlaf und schon oft genug dadurch Linderung gebracht hat.

Zur Behandlung zu dieser Vokaltyp-Atmung kommen: Alle mit dem Stoffwechsel der Atmung zusammenhängenden Krankheiten wie Asthma,

Katarrhe, beginnende Tuberkulose, Herzschwäche, innere Verwachsungen und Missbildungen des Brustkorbes, Zwerchfellverlagerung, Magen-, Darm-, Leber-, Nierenleiden, Stuhlträgheit, Arterienverkalkung, Krampfadern, Hämorrhoiden, Neurasthenie, Hysterie, Psychoneurosen, Stottern u.a.m. Nur nur bewusster Atem, befreiendes Lachen macht das Lebens glück!

So kämen wir zur eigentlichen Erklärung der Methode. Diese Atmung heißt Vokal-Atmung und ist in Formen, d. h. Typen gekleidet.

> „Gib den Gedanken die Form.
> Die gibt dir dann die Seele.
> Fühl′ sie als Lebensnorm,
> Dass deine Kraft sich stähle."
>
> Leser-Lasario

Jede Kunst wird durch die Form gestaltet. In den Formen lebt der Geist und der Geist baut den Körper. Die Griechen kamen schon durch die Formen zur Blühte ihrer Künste. Auch die Materie (wenn sie Verwertung finden soll) harrt stets auf die Form, weil sie nur da ist, um geformt zu werden, damit sie uns lebende Kräfte (Energieentfaltung) spende. Jede Gehirnzelle enthält in ihrem Innersten das Geheimnis aller Formen. All diese zielbewussten, geformten Gedanken, Vorstellungen bestimmt gedachte Vokale, sind im Stande, einen mächtigen Einfluss auf die funktionelle Tätigkeit unserer unwillkürlichen Organe auszuüben. Die Gedanken spielen im Körper eine weit wichtigere Rolle als wir ahnen. Gedanken sind Macht und Kraft. Wie wir Gedanken aussenden, kehren sie zu uns zurück, entweder schlecht oder gut und formen unser Leben. Darum ist es hochwichtig, immer nur gute Gedanken zu pflegen, da von ihnen unser ganzes Leben abhängt.

In der Bibel haben wir genügend Beweise, wo es z. B. heißt: „Wie der Mensch denkt, so ist er. Was der Mensch sät, wird er ernten." (Spr. Sal. 13,3.) Weiter: „Wer da Gutes sucht, dem widerfährt Gutes, wer aber nach Unglück ringet, dem wird es begegnen." (Spr. Sal. 11,27.)

Deshalb ist diese Atmung ein Helfer für seelische Hemmungen, Zwangsvorstellungen, Gemütsvorstellungen, Schlaflosigkeit und von der Kinderstube bis zum Alter von höchsten Wert.

Leser sagt: „Jeder gedachte Vokal hat sein engbegrenztes Wirkungsfeld, in das er sich gesetzmäßig einstellt, sofern er nur in seiner natürlichen Reinheit gedacht und empfunden wird. Je intensiver die Reinheit eines stumm gedachten, plastisch vorgestellten Vokals mit der dem Vokal eigentümlichen, innig verknüpften psychologischen **Form** und **Farbe** empfunden wird, um so besser wird die Rückwirkung auf unserer organischen Funktion und Nerven sein. Daher ist es von größter Wichtigkeit, die Gebärden **treu zu befolgen!**

Bei diesem System der Vokal-Atmung ist die Lippe und deren Formung von ganz besonderer Wichtigkeit. Die Lippe ist mit außerordentlich feinen Nerven-Muskelfasern ausgekleidet, welche auf die zarteste Empfindung des Gemütes reagieren; d. h. der jeweilige Ausdruck des Mundes in Freude, Lust, Leid, Qual usw. lässt unleugbar die momentane innere Stimmung deutlich erkennen. Es Beeinflusst daher die bewusste Formung der Lippen die unwillkürlichen Organe, sofern sie eben nicht, wie bisher, nur als äußeres Werkzeug zum Sprechen, Küssen usw. betrachtet wird und man durch die konzentrierte Gedankenform eine Verinnerlichung der seelisch-individuellen Vokalgebärde mit der Lippe fixiert. Durch die psychologischen Feinheiten dieser neuen Vokalatmungsmethode ist es jeden Menschen möglich, mit ganz anderen Wirkungen zu atmen, als bei der bisherigen, rein mechanischen, ungeformten Atmungsweise. Jedermann kann sich, nach Wunsch und momentanen Bedürfnis, das Spannungsgefühl zur Entlastung des Körpers an einer bestimmten Stelle hervorrufen.

Da der Kernpunkt dieser neuen Atmungstechnik in der Erkenntnis psychischen Form und diese wieder in der sensorischen Nervenbahn ruht, so regt man gleichzeitig mit jedem psycho-physiologisch geformten Atemzug neben dem Atem und Zirkulationsapparat auch das Bewusstsein und das ganze Empfindungsvermögen zu einer geregelten Tätigkeit an; denn je zielbewusster und rhythmischer wir in uns diese dualistische Lebensfunktion mittels Atem vollführen können, desto besser und regelmäßiger arbeiten unsere inneren Organe und Nerven."

Unser Leben besteht in der Sauerstoffaufnahme und Kohlenstoffabgabe. Sauerstoff ist Säure und wirkt biochemisch zersetzend, die verhärteten Zellen aufsaugend, die betreffenden Organe entlastend und die zersetzen (gelösten) Stoffe ausscheidend. Diese Methode hat nichts gemein mit all den schon dagewesenen, man könnte sie auch Innennervenatmung oder innenorthopädische Atmung nennen.

Die Sache betrifft alle Menschen, kranke und gesunde, letztere noch mehr, da Leser sagt: „Vorbeugen ist das höchste Gebot, es schützt euch vor

Krankheit, Leid und Not." Der Mensch ist gerade darin etwas sehr gleichgültig, was auch hauptsächlich in seiner Unwissenheit besteht. Die meisten Menschen wissen eben nicht, dass die Krankheit sich langsam vorbereitet und man sie erst spürt, wenn sie schon da ist. Durch mangelhafte falsche Atmung und unrichtige Diät lagern sich täglich Fremdstoffe und Schlacken im Körper ab. Scheidet man diese genügend aus, kann man sich gesund erhalten, andernfalls man früher oder später schwer erkrankt. Durch die verschiedenen Typen, die man sich nur gedanklich vorstellt, ist es eine Leichtigkeit, die Blutwellen an jene Körperstellen zu dirigieren, wo man sie gerade benötigt. Man ist dadurch imstande, die Stellen zu bebluten oder zu entbluten. Das ist sehr wertvoll; denn wo Durchblutung ist, können niemals Fremdstoffe (Schlacken) ansetzen, die zur Krankheit führen. Somit erwirkt diese Durchlüftung und Durchblutung eine neue Belebung der Zellen und Organe, von der Stuhlverstopfung bis zur Denkträgheit, ist ja weiter nichts als mangelnde Durchblutung der Organe mit Sauerstoffblut. Das Blut ist der Träger jeden Organes und der Stoffe, die der Körper für sein Wachstum und sein Leben braucht. Das aus den Lungen dem Herzen zuströmende Blut ist hellrot und strömt so, durch das Herz getrieben, in die Schlagadern des Körpers. Wenn es den Körper durchwandert hat, kehrt es als dunkelrotes Venenblut mit Kohlensäure beladen zum Herzen zurück, von dort wieder in die Lunge, um die Kohlensäure auszuscheiden und Sauerstoff anzunehmen. Wir sehen, wie wichtig das Blut für das Leben ist, an den schweren Krankheitserscheinungen (Leukämie z. B.), die bei einer Erkrankung der roten Blutkörperchen auftreten. Die Theorie, wonach der Mensch seine Blutzirkulation selbst regulieren kann, ist also nicht hoch genug einzuschätzen und ist durch die Praxis nicht allein von Laien, sondern auch von Ärzten und Gesangsgrößen anerkannt worden. In der Münchner medizinischen Wochenschrift wurde dies s. Zt. eingehend besprochen.

Lebensfunktionsstörung ist ein Lebensmanko. Nun wird uns durch diese neuen, nervenstärkenden Atmungstypen der Weg gezeigt, dieses Manko auf natürliche Weise zu beheben; denn wo Durchblutung ist, kann niemals Krankheit Platz greifen. Innenorthopädische Atmung kann sie genannt werden, weil sie im Stande ist, dorthin zu kommen, wo weder Menschenhände, noch Augen oder Apparate es vermögen. Es können schwere Belastungen, kurz alles was mit der Blutzirkulation (Stoffwechsel) zusammenhängt, beseitigt werden. Stoffwechsel ist ein unaufhörliches Verbrennen und Einheizen; denn der Verbrauch der Zellsubstanz ist weiter nichts als ein Verbrennen und ihr Wiederaufbau nichts als die Zufuhr von Heizmaterial. Diese Verbrennung ist Bedingung für das Leben und die Arbeit der Zelle. Bedenken Sie mal, was die Welt ohne Sauerstoff wäre? Eine Wüste, ein starres Nichts und der Mensch ein Klos, wie in der Bibel als Beweis zu lesen ist: „ . . . und Gott blies ihm den Odem ein und er wurde eine lebendige Seele."

Ein Denker sagt einmal: „Leben ist ewige Verbrennung." Verbrennung ohne Sauerstoff ist aber unmöglich. Man weiß von ganz einfachen Beispielen, dass auch nichts in der Welt seinen Zweck erfüllen kann ohne Sauerstoff und Luft. Denken wir nur an eine Kerze unter einer Glasglocke. Sie muss erlöschen ohne Luft, ein Ofen kann nicht brennen ohne Zuluft. Wie viel mehr sollte der Mensch sich klar werden, dass auch er den gewaltigen Umformer des Blutes am nötigsten hat und ihm viel mehr Beachtung schenken muss. Er hat sich als höchstes Geschöpf so viel untertan gemacht, aber in Bezug auf seine Gesundheit ist er ein unwissendes Kind geblieben. Wie sich aber alle Schuld auf Erden rächt, so auch der Sauerstoffmangel. Es weiß der Mensch oft genug gar nicht, was und wo es ihm fehlt, es wird alles probiert aber ohne Erfolg. Hätte er eine Ahnung von dem wichtigsten Lebensfaktor, dem richtigen Atem, wie bald würde er Besserung verspüren. Denken Sie nur an die vielen Menschen die Jahr aus Jahr ein in ungelüfteten Räumen und Fabriken arbeiten; es geht eine Zeit lang, dann fühlen sie sich schwach und täglich klagen sie was anderes. Oft genug heißt es dann, ich sollte mich ausspannen, aber auch nach dem Urlaub ist die Sache bald wieder dieselbe, zur Last nicht nur für sich, sondern auch für die Umgebung. Und warum? Weil sie im Urlaub versäumten, das Wichtigste, den Sauerstoffmangel in ihrem Körper zu ersetzen. Lebensmut und Leistungsfähigkeit bis ins hohe Alter hängen aber nur von gesundem Blut und starken Nerven ab. Wie gütig ist doch Mutter Natur, dass sie uns mit all den Schmerzen im Körper nur mahnen will. Mahnen, das Richtige zu tun, das in erster Linie in einer richtigen Atmung besteht. Wie wahr ist doch Goethes Wort im Faust: „Das Blut ist ein sonderbarer Saft!" So ist das Blut unser Lebensborn, mit dem Blute atmen wir, nehmen wir Nahrungsstoffe auf und leben wir; aber natürlich nur, wenn es rein und durchsättigt ist mit Sauerstoff. Deshalb was dir auch fehlt, sieh dein Blut an!

Weil aber die Art der Nahrung, die Diät, ebenso wichtig für den Menschen ist und Atem und Nahrung sozusagen Hand in Hand gehen, wird auch dieser in meinen Kursen die nötige Aufmerksamkeit gewidmet. Ich spreche darüber ausführlich beim Magen- und Darmtyp. Das ist notwendig, denn man muss wirklich oft genug staunen, wie wenig die meisten Mütter und Frauen wissen, zum Schaden der Gesundheit ihrer ganzen Familie. Hat doch die Hausfrau die Verantwortung für all ihre Familienglieder und hat es somit in der Hand, sie gesund zu erhalten oder sie auch krank zu machen. Wie oft wird bei den Kindern schwer gesündigt, insofern unwissende Mütter sie geradezu mästen und dadurch auch ihr Gehirn belasten, wodurch ihre Denkkraft sehr beeinträchtigt wird. Je reiner der Unterleib, desto reiner der Geist. Und das sollte jeder bedenken! Je mehr die Nahrung nun durch Sauerstoff (Atem) verbrannt und umgewandelt wird, umso größer ist die Gesundheit. Man fragt oft, warum man heute so ein Wesen um die Ernährung macht. Diese Frage ist dahin zu beantworten, dass wir uns seit zwanzig Jahren ganz umstellen mussten. Unsere Eltern waren noch mehr Muskelarbeiter, während wir mehr Geistesarbeiter geworden sind. Wir müssen heute mehr denken, als unsere Vorfahren. Schon allein durch den Fortschritt der Verkehrstechnik werden wir durch den außerordentlich großen Straßenverkehr zu ganz anderer Konzentration gezwungen.

Dr. Niemeyer schreibt: „Was Speise und Trank für den Magen, das ist reine Luft für die Lunge, was Gift für jenen, das ist unreiner Luft für diese. Wie man den Magen nicht von der Lunge aus kuriert, so hilft es auch der Lunge nicht, wenn man für sie mit dem Magen einnimmt. Frische, reine Luft eingeatmet ist das Lungen-Universalmittel."

Ich nenne in meiner Broschüre neben Herrn Leser mit besonderer Absicht die Namen der Ärzte, weil das Wort dieser Herren mehr gilt, als das eines Laien und man somit sieht, dass auch diese von der außerordentlich guten Wirkung einer richtigen Atmung für das Körper- und Geistesleben des Menschen überzeugt sind. Dr. J. H. Kellog sagt: „Da der menschliche Körper aus den Speisen, die er aufnimmt, gebildet wird, ist es klar, dass der Charakter der Speisen, die jemand isst, den Charakter seines Körpers bestimmt." Eine Zelle ohne Sauerstoff ist ein Todeskandidat, wie der ganze Körper ohne Atem (Sauerstoff) auch leblos, starr bliebe. Unsere Alten priesen ihn darum schon als Lebensborn, der unser Begleiter ist vom ersten bis zum letzten Atemzuge.

Zwei berühmte Professoren, Prof. Wundt in Leipzig und Prof. Urbantschitsch in Wien, haben erforscht, und bewiesen, dass entgegengesetzte Eindrücke, wie z. B. etwas Schreckliches oder etwas Freudiges auch im Körper entgegengesetzte Blutdruckdifferenzen auslösen.

Dr. L. Landois, Lehrbuch des Menschen, §431, S. 979, schreibt: „ . . . dass auch die respiratorischen Gefühle der freien oder beengten Atmung sich in

ihrer Eigenart weder beschreiben noch vergleichen lassen, d. h. die Atem-
und Blutzirkulation, also das Wohl und Wehe des Seins des Menschen
bisher dem Zufall überlassen wurde und undifferenzierbar ist."
Hingegen schreibt Dr. Koch in der Münchner medizinischen Wochenschrift: „Hierdurch gelingt es Leser-Lasario, Spannung und Entspannung
von einander unabhängig zu regulieren. Das ist die größte Anerkennung,
die man einer Methode zollen kann. Mit diesen wenigen Worten ist so viel
gesagt und etwas gegeben, was von unschätzbarem Werte für die Menschen
ist. Diese Spannung und Entspannung ist unser Leben, unsere Ein- und
Ausatmung.
Jeder Vokal löst einen bestimmten Gefühlston aus, wie schon I lachend und
U ernst zeigen. Je nach dieser Vokalempfindungsfarbe finden Spannung
und Entspannung statt. Diese Spannung löst einen bestimmten Massage-
druck auf die Organe aus, nicht nur auf die betreffenden Stellen, sondern
auch auf die Nachbarstellen. Man kann daher bestimmte Organe intensiver
arbeiten lassen als andere, und örtliche Empfindungen mit ihr hervorrufen
sowie die Stimmung beeinflussen.
Dieses Atmen hat einen erheblich günstigen Einfluss auf das Nervensystem
und die Blutzirkulation, so dass der Atem in bestimmten Innenteile des
Körpers geleitet werden kann und zwar bewusst durch Gehirn und Nerven
und so eine Innenmassage bewerkstelligt, die den Körper stärkt, massiert
und reinigt. Dass ein richtiges Atmen unter Beteiligung unseres Denkens
und Fühlens auch für unsere seelisches Leben von hoher Bedeutung sein
kann und ist, das wussten schon die alten Inder, die den geformten Atem
den großen Regler nannten, liegt doch das Atemzentrum im verlängerten
Rückenmark, wodurch Seelen- und Nervenleben innig zusammenhängen.
Daher ergibt sich die Tatsache, dass diese Methode so wohltätig und
veredelnd wirkt und auf Moral und Ethik einen so großen Einfluss ausübt.
Durch diese bewusste, seelisch geformte Vokaltypatmung ist es möglich,
den wunderbaren, so geheimnisvollen Nervus Sympathicus unterzuordnen
und dadurch allmählich bewusste Beherrschung und willkürliche Kraft über
unsere unwillkürlichen Organe zu gewinnen. Dieser Nervus Sympathicus,
der unsere Empfindungen überall hinleitet, der sogar unsere Körper-
funktionen in schlafendem Zustande dirigiert, wird mit jedem Typ in
Mitleidenschaft gezogen (daher auch „Mitleidenschaftnerv" genannt),
sobald die Ganglienzellen des Nervus Sympathicus, die von Natur aus von
reichen Blutgefäßen umsponnen sind, nach mehr Sauerstoff lechzen. Wenn
diese Nerven nun bei Stoffwechsel zuerst agieren, dann müssen alle

unwillkürlichen Organe und Muskeln auch besser reagieren. Das immer wachsende innere Bewusstsein einer seelisch konzentrierten Atmungsweise hat nicht nur allein stärkende und fördernde Wirkung auf das Gehirn und die von demselben aus geleiteten Organe, sondern auch eine außerordentlich günstige und hebende Wirkung auf Moral und Ethik. So hat Prof. Dr. Jäger schon in seinem Buche „Die Entdeckung der Seele" den Atem sehr gewürdigt, und Dr. Hughes sagt: „ . . . dass eine Atmung, geformt, die beste Vorschule für den Kampf ums Dasein ist, das Selbstvertrauen hebt und den Charakter stärkt." In der Kraft und in der Gesundheit des Leibes pflegen wir die Kraft und die Reinheit der Seele. Ich hatte denn auch schon oft genug die Freude, in wenigen Tagen den hohen Wert dieser seelisch geformten Atmung durch Umwandlung oberflächlicher und missmutiger Menschen erleben zu dürfen.

Atem bringt eben Ordnung in den Körper, und wohl dem Menschen, der den richtigen Wert einer geformten Atmung schätzen gelernt hat.

Die zehn Gebote des Atmens
(Von Leser-Lasario)

1. Bereite dich stets für die Atmung wie zu einer heiligen Handlung vor.
2. Nimm bei allen Atemübungen eine zwanglose Haltung ein und übertreibe nicht.
3. Achte ganz besonders, dass du nicht durch den Mund, sondern durch die Nase atmest.
4. Reize deine Schleimhäute nicht mit übermäßigem Rauchen und Trinken.
5. Vermeide sämtlich einengende Kleidung.
6. Lüfte deine Wohnung so oft du kannst.
7. Nütze bei Ausflügen die Zeit nicht nur zum Wandern, sondern auch zum edlen Gesange aus.
8. Fürchte dich nicht vor Sonne, Luft und Wasser und denke nicht immer gleich an ein Schadennehmen.
9. Vermeide stets das Räuspern; denn es zieht stets einen neuen Räusper her und verursacht Entzündungen.
10. Erfülle deine menschliche Pflicht, indem du auf falschem Wege sich Befindenden den natürlichen Weg zeigst.

Wir wären so nun der Erklärung der praktischen Anwendung dieser Atmung näher gekommen und möchte ich ein schönes Geleitwort Dr. med. Möhringers vorausschicken:

Die vier Punkte des Ein- und Ausatmungsprozesses:

„Bei dieser Vokal-Atmungs-Methode sind beim Prozess der Ein- und Ausatmungsformen vier Akte zu beobachten. Diese vier Akte stellen die vier Grundpfeiler dar, auf denen das neu entdeckte System ruht und sind die vier Stationen auf dem Wege der inneren Umformung und Verjüngung des Körpers.

Im ersten Akte bereitet man sich vor wie zu einer heiligen Handlung, indem man sich innerlich sammelt, konzentriert auf die einem bestimmten Vokal innewohnende Gefühlsstimmung und diese Empfindung in der dem Vokal eigenen Lippengebärde zum Ausdruck bringt.

Im zweiten Akte atmet man in der Vorstellung dieses gedachten Vokals mit der ihm eigenen Lippenformstellung und der Empfindung des ihm eigenen Gefühlstones ein. Dieser seelisch geformte Atem treibt das Blut nach einem ganz bestimmten, dem Vokal entsprechenden Körperteil und Organ, wodurch dieses stärker durchblutet wird.

Im dritten Akt ist beim Atemanhalten die Selbstempfindung des Vokals zukommenden Gefühlstones haargenau aufs höchste und reinste zu steigern (fixieren). Dadurch wird in dem dem Vokal entsprechenden unwillkürlichen Organ, sei es Herz, Lunge, Magen, Niere, Leber oder Milz die höchste lebenswichtige Spannung eintreten; das Organ wird gezwungen, instinktiv in stärkere Aktion zu treten und dadurch gekräftigt, gebessert und oftmals geheilt.

Auf dieser Stufe erlebt man das Wunder: Verkalkung, Vernarbung, verwachsene Gewebe und vieles andere werden gelöst, elastisiert, Blutstauungen beseitigt, die Innensekretion der Drüsen angeregt, die Nerven gekräftigt, kurz, der Körper innerorthopädisch massiert.

Auf solche, durch tiefe, bewusst empfundene Einatmung erreichte höchste Spannung folgt im vierten Akte die größte Entspannung des Organes, dadurch gelingt es, die bei der höchsten Spannung freigewordene Gase, Schleim und Schlacken bei der Ausatmung mit einer dem Einatmungsvokal entsprechenden Ausatmungsform so vollständig aus dem Körper zuschaffen, wie es bisher kein Atemsystem erreicht hat. Und diese gründliche Reinigung des Körpers ist das allerwichtigste für Gesunde und Kranke.

Nach solcher täglichen Ausatmung vollständigster Art ergibt sich von selbst eine leichtere, tiefe und erquickende Einatmung, wie man sie zuvor noch nie erlebt hat.

Um die Wirkungen der Vokaltyp-Atmung in ihrer höchsten Vollendung zu erfahren, müssen die vier Punkte oder Abschnitte der Vokaltyp-Atmung genau auseinandergehalten werden und für die einzelnen Punkte haarscharf befolgt werden. Bei der strengen Befolgung dieser individuellen Vorschriften habe ich im Laufe des vergangenen Jahres bei meiner eigenen Frau und vielen hundert Kursusteilnehmern wahre Wunder des Erfolges erlebt. Es wäre daher zu wünschen, dass dieses lebenbringende, nerven- und blutstärkende Typatmungssystem der gesamten Menschheit, den gesunden zur Vorbeugung, den Kranken zur Besserung bekannt würde." Gewiss ein schönes Bekenntnis eines Arztes.

Wie aus diesem Geleitwort des Dr. Möhringer zu ersehen ist, spielen diese vier Punkte zwischen dem Prozess der Ein- und Ausatmung eine äußerst wichtige Rolle. So ist schon die Einstellung der Gebärde (I.) die feinfühlende Art auf Grund dieser speziellen Vokalgebärde, mit dem ihr innewohnenden eigenen Gefühlston aufzuatmen (II.) ferner ganz besonders das Anhaltenkönnen dieses seelisch geformten Atemstromes (III.) und die Art der vielfältigen Ausatmungsformen (IV.) – es sind deren eine ganze Menge – von ausschlaggebender Bedeutung. Ich habe das System auch noch aus Eigenem ergänzt und manches Neue noch dazu kombiniert. Die Erfahrung hat mich aber gelehrt, dass es in unserer hastenden Zeit keinen Wert hat, den Menschen zu viel aufzubürden, weil sie es sonst gar nicht machen. Darum lerne jeder vor allem zuerst die Grund-Typen gewissenhaft. Jeder einzelne Atemungstyp erzielt eine bedeutende Entgasung, dadurch Linderung des bestehenden Übels, und durch die größere Elastisierung werden neue Lebensschwingungen und Energien geweckt. Giftstoffe aller Art, Bakterien, Kohlensäure, welche durch die alte ungenügende Atmung resp. Ausatmung in den Geweben zurück bleiben, werden durch die neue Methode dieser Ausatmung ausgestoßen und durch die Innensekretion gereinigt.

Durch diese Innenreinigung werden die Drüsen und Lymphgefäße belebt, zu größeren Funktion angeregt (Innenmassage), wodurch Giftstoffe aller Art in reicher Menge ausgeschieden werden müssen, weil gerade diese lebenswichtigen Organe auf die feinsten, durch diese Typen ausgelösten differenzierten Spannungen auf so einfach natürlichen Wege reagieren. Diese Atmungsmethode entwickelt im Innern ein immerwährendes Gefühl von wohltuender Wärme. Man legt dabei mit Recht viel größeren Wert auf die Ausatmung als auf die Einatmung, was für alle Menschen, aber ganz besonders für Asthmatiker von großer Bedeutung ist. Das Atemzentrum ist automatisch tätig, d. h. von selbst, seine Fähigkeit wird aber durch die Beschaffenheit des Blutes und durch die sensiblen Nerven beeinflusst. Das Verlangen nach Sauerstoff und nach Entlüftung von angehäufter Kohlensäure ist ein Bedürfnis eines jeden Menschen. Der ist aber mehr oder weniger atemkrank geworden, und er leidet an Sauerstoffmangel und an Kohlensäureüberladung. Das Atemzentrum büßt dadurch seine Tätigkeit ein und es tritt leicht Erstickung ein. Wie aber die gütige Mutter Natur den Menschen vor vielem bewahrt, so hat sie ihm ein Mittel an die Hand gegeben, durch das Gähnen, dass er diesen Zustand beheben kann. Die meisten Menschen fühlen diesen Zustand als Müdigkeit, Abspannung und wissen nicht, dass der Körper nur von der Selbsthilfe Gebrauch macht, um die überflüssige Kohlensäure aus dem Körper auszuscheiden. Sie haben keine Ahnung, welchen großen Dienst sie mit dem Gähnen ihrem gequälten Körper erweisen. Deshalb kommt auch im Kursus ein Gähn- oder Wecktyp zur Übung, mit dem schon ganz hervorragende Erfolge erzielt wurden. Nun wird jeden klar sein, was dem Asthmatiker meist hauptsächlich fehlt, eine ungezwungene, leichte Ausatmung, damit sich Lungen und Bronchien immer mehr reinigen können. Je mehr er dann volltiefer ausatmen kann, um so tiefer holt er auch wieder Sauerstoff ein. Das ist das große Geheimnis, dessen sich alle Kranken und besonders Asthmatiker und Lungenkranke bewusste werden sollen. Mit Ausnahme des Gähntyps, bei welchem die Einatmung mit offenem Munde geschieht, hat dieselbe stets durch die Nase zu erfolgen. Der Mund bleibt geschlossen. Die Ausatmungstypen haben mit offenem Munde, die Lippe vorschriftsmäßig, zu geschehen. Das Summen und Dehnen ist mit geschlossenen Munde zu machen, die Luft entweicht dabei durch die Nase.

Leser sagt: „Jede gedachte und empfundene Vokalform bildet ein psychophysiologisches Gebilde, wo dann deren mimische Gebärde das Gerüst ist. Die ausstrahlenden Impulse ihrer Heilkräfte wirken derart intensiv, dass sogar in Fällen, wo eine wahre Konzentration ausgeschlossen ist, wie bei kleinen Kindern, Psychoneurosen, Sterbenden usw. es schon genügte, die Betreffenden mit sichtbarem Erfolg auf einem vorgenannten Vokalgebärdenatmungstyp imitierend ein- und ausatmen zu lassen. (Med. Wochenschrift; „Sterbende").

Des Weiteren schreibt Dr. med. Koch in der Münchner med. Wochenschrift:

78

„Einmal sah ich, wie Leser-Lasario eine morbiunde Phtisika (eine im Sterben liegende Schwindsüchtige), die sich trotz großer Kodeingaben mit einem schmerzhaften, harten Husten quälte, so atmen lehrte, dass der Husten weniger schmerzhaft und Expektoration (Auswurf) erfolgte." (Atmung auf „I".)

Der Koch schreibt weiter: „Leser-Lasario gibt an, dass die Atmung auf U chronische Verstopfung günstig beeinflusst. Ich habe gerade eben bei zwei Fällen einen mich und die Kranken verblüffenden Erfolg gesehen."

Dr. Koch fährt fort: L.-L. verfolgt mit seiner Methode hauptsächlich orthopädische Zwecke. Er ist überzeugt, dass es ihm gelingt, die Form des weichen Gaumens, des Kehlkopfdeckels zu ändern, dass er schlecht angelegte, ungeübte, durch entzündliche Verwachsungen behinderte Muskeln kräftigen kann. Besonders stolz ist er darauf, dass es ihm gelungen sei, ein Diaphragma laryngis bei sich selbst zu beseitigen. Er spricht von inneren Verwachsungen, Verpappungen, die er dehnen kann usw.

Dr. Koch schreibt: „Es gelingt also durch die Vokalatmung müheloser die Lunge zu entleeren, als durch die natürliche Atmung. Schon der Gesunde wird natürlich atmend, gar nicht so tief auszuatmen sich die Mühe geben, als er das bei Vokalausatmung zwangsmäßig tun muss." Und das ist das Wichtigste für alle Kranken, ganz besonders aber für Lungenkranke und Asthmatiker. Da ist es denn bei solchen Kranken schon gefährlich allein zu probieren und ganz besonders noch Gymnastik zu treiben. Ich möchte das besonders betonen, da ich überall Kranke antreffe, die sich gerade durch Gymnastik geschadet haben, als genützt. Diese Atmung sollte von ihnen zuerst vor der Gymnastik geübt sein, da sie so sehr leicht ohne jede Anstrengung individuell dosiert werden kann, dass der Kranke sofort ein wohltuendes Gefühl verspürt.

Wie auch in den Schulen oft mit bester Absicht den Kindern noch geschadet wird, sei hier auch noch erwähnt: „Dr. Gottstein von der Universitätsklinik in Freiburg berichtet in der klinischen Wochenschrift über eine einwöchentliche Wanderfahrt von 7- bis 14-jährigen Knaben, wo große Märsche mit Fußballspiel verbunden wurden. Fünf Tage nach der Rückkehr zeigten 20 Knaben deutliche Herzvergrößerung. Zehn unter ihnen hatten, und zwar die jüngeren, noch 2 einhalb Monate nach der Rekordwanderung vergrößerte Herzen! Herr Dr. Gottstein empfiehlt dringend in erster Linie Atemgymnastik, sagt aber nicht, wie es jedem Kinde zu erklären ist, dass es sich entlastet und sich nicht anstrengt.

Einige Mahnwort den Turnern und Sportfreunden!

Es ist nur zu begrüßen, dass allerorts immer mehr Sport getrieben wird, es ist aber leider weniger eine Freude, wenn viele junge Leute an ihrer Gesundheit Schaden nehmen, dadurch, dass sie übertreiben. Im allgemeinen sollten sie vielmehr auf eine bewusste Atmung Wert legen, um sie nachher mit ihrer Gymnastik verbinden zu können. Es kann sowohl der Sport als auch der Gesang Wunder wirken bei richtiger Atmung, aber ebenso Schaden anrichten bei falscher Atmung. Man kann den Sporttreibenden nicht genug vor Überanstrengung seiner Organe warnen. Man will heute Rekorde schlagen, schert sich aber nicht darum, ob seine Lungen und sein Herz kräftig genug sind, diese große, verlangte Arbeitsleistung mitzutun. Wehe dem Sporttreibenden, der so gewissenlos gegen sich handelt! Wer dabei vernünftig handelt, wird seinen Körper bei richtiger bewusster Atmung kräftigen und jugendfrisch erhalten.

Es werden in ihm neue Lebensenergien geweckt werden und er so viel Kraft und Ausdauer erhalten, dass ihm bei geringstem Kraftverbrauch die höchste Leistung möglich ist. Dann hat der Sport erst seinen Wert für das Leben und die Gesundheit. Von allen Sportarten ist jedenfalls das Wandern der schönste Sport, da man dauernd in frischer Luft sein kann, und dadurch Herz und Nerven kräftigt. Die schönen Natureindrücke machen den Wanderer froh gestimmt und er kommt zu einem Genuss und einer Lebensfreude, die sich auch noch seelisch auswirkt.

Allgemeine Regeln beim Atmen!

Der Körper sollte bei jeder Übung eine freie Haltung einnehmen, die Hände niemals auf den Rücken. Die Übungen dürfen nur am offenen Fenster oder in gut durchlüfteten Räumen gemacht werden, am besten natürlich in Gottes freier Natur, besonders im Walde. „Nur Beharrlichkeit führt zum Ziel!" Bei diesen Typen darf keine übertriebene Kraft angewendet werden; das bedeutet mehr Rück- als Fortschritt.

Es ist nicht notwendig, bei dieser Vokalatmung immer sehr tief zu atmen, diese Typen geben die Tiefe von selbst durch den Gedanken, der sie begleitet und werden die Lungen genügend durchlüftet.

Mit vollem Magen darf nicht geübt werden, besser immer vor dem Essen. Die Zahl der Übungen ist individuell, je nach persönlichem Können des Übenden. Nach jeder Übung muss eine lachende Pause eintreten zur

Entlastung des Herzens.

Werden manche Übungen anfangs auch schwerer empfunden, so sind sie durch regelmäßige Übung bald geläufig und machen Freude.

Frauen sollen zu bestimmten Zeiten die Atemübungen einschränken und nur von der leichtesten Formel „Piihii" Gebrauch machen.

Die segensreichen Naturkräfte bei nur wenigen Minuten täglicher, praktischer Befolgung dieser psychischen Atmungsformen (Vokal-Typen) vom Übenden ausgeführt, geben jedem Kranken einen inneren festen Halt, Mut und frohe Zukunft zum Wiederaufbau seines Körpers. Durch diese seelenvolle Innenselbstzucht lernt jeder Mensch gleichzeitig neue, edle Lebensgefühle kennen. Das habe ich auch bei meinen Schülern erlebt.

Werden diese Übungen mit bewusster Konzentration gemacht, so ist die Wirkung von Erfrischung und angenehmen Gefühl noch nach Stunden zu fühlen, sogar auch während des Schlafes. Der im Kurs gelehrte Schlaftyp ist daher auch schon von Dr. med. Koch als Beruhigungsmittel sehr gewürdigt.

Die vier Stadien
I-Typ für Herz und Nerven

Innenorthopädisches Atmen, durch welches jedermann seine Blut-zirkulation verbessern und regulieren kann.

Bei dieser Atmungsmethode sind vier Punkte (Stadien) zu beachten:

1. Willensempfindungs-Konzentration auf der gedachten I-Vokal-Gebärde; wie z. B. im Wort Liebe oder Mimi (hier mit sehr lachender oder heiterer Gebärde).

2. Auf dieser seelisch geformten Gebärde mit geschlossenen Mund durch die Nase atmen (einatmen).

3. Diesen seelisch geformten Atemstrom nach momentaner Möglich-keit anzuhalten versuchen, d. h. so lange es der Zustand des Körpers gestattet, ausgehend von einer Sekunde (Gesunde auch länger) und täglich eine mehr. Kranke sollen dieses Stadium zuerst nicht beachten. Herzleidende üben besondere Vorsicht.

4. Auf der Ausatmungsformel.
   Der I-Typ hat fünf Atmungsformen, wovon ich hier zwei als Beispiel freigebe, mit der Bitte, ja nicht zu übertreiben. Auf die Ausatmungsformel U wie eine Kette U ausblasend:
   – sehr ernst und spitz: Piuuuhuuuuu

– lachend leicht: Piiihiiiii

Dieser 2-Typ darf jedermann als Probe freigegeben werden, ohne Gefährdung. Die anderen Typen zu geben, ist strengstens untersagt, da sie ohne besuchten Kursus mehr schaden als nützen können, darum ist auch schriftlicher Anleitung nicht ratsam.

Schumann sagt: „Es ist des Lernens kein Ende", und so bin ich auch in dieser Sache nicht stehen geblieben und habe das System noch mit neuen Typen ergänzt und auch durch Ernährungs- und Seelentherapie erweitert. Diese Vielseitigkeit umfasst ein Ganzes und gibt jedem Kursteilnehmer die Gewissheit, den Weg zu einem schönen, gesunden, Leben gefunden zu haben, so dass mir viele schon sagten und schrieben, Ihr Kursus war für mich ein Wendepunkt in meinem Leben. Ich bin immer der Ansicht, alles was man lehrt, auch gründlich zu geben und deshalb bin ich darauf bedacht, den Schülern die Haupttypen zuerst gewissenhaft zu lehren. Die Erfahrung hat mich dahin gebracht, dass, je kürzer man sich fasst, alles um so lieber aufgenommen wird und es hat keinen Wert, die Menschen in unserer hastenden heutigen Zeit mit Nebensächlichkeiten zu belasten. Meine dauernden großen Erfolge bezeugen, dass ich den richtigen Weg einge-schlagen habe, der den Menschen zum körperlichen sowie geistigen Wohle nur dienlich ist. Somit braucht sich niemand zu ängstigen, dass er in seiner Arbeit gehindert würde, denn nur ein durchlüfteter Körper erfrischt den Geist und macht ihn widerstandsfähig. Körper und Geist kommen durch die reichere Sauerstoffzufuhr und dadurch Reinigung des Körpers zu neuem Leben, und man muss sich wundern, welche Tatkräfte in einem erwachen, so dass man alle Hemmungen des Alltags leichter und sicherer überwindet.

Es ist von unschätzbarem Werte, den Menschen, und speziell den viel-geprüften, leidenden Menschen, die Möglichkeit zu zeigen, sich von allen Giftstoffen, Verkalkungen selbst zu befreien und zu reinigen. Dies gilt für alle Menschen, für Gesunde und Kranke. Was hier für Kranke und Gesunde gesagt ist, gilt auch für jeden Sänger und Redner, denn nur in einem gesunden Körper kann eine gesunde Stimme wohnen, wie dies im Anhang noch näher beschrieben wird.

Übung macht den Meister und nur Geduld und Ausdauer können sicher zum Ziele führen. Wer nun den richtigen Weg gefunden hat und diese Übungen macht, soll sich auch sonst eines vernünftigen, natürlichen Lebens befleißigen, dessen Vollendung die harmonische Lebensweise ist. Darum wache ein Jeder über sich; dann bewahrheitet sich das Sprichwort: „Wer sich selbst erzieht, braucht vom Schicksal nicht erzogen werden."

In der jetzigen traurigen Zeit ist es sehr erfreulich, dass das Interesse für diese Segensreiche Atmung im Zunehmen ist, so dass sie schon in vielen Vereinen, besonders in den Sektionen der Gesundheitsvereine, aufgenommen ist und dauernd mit viel Erfolg geübt wird. Das ist sehr zu begrüßen, da die fehlende Nächstenliebe bei den Menschen wieder erwacht und die Seelen sich wieder zueinander finden.

Möge Pastor Felkes Ausspruch sich bewahrheiten, der der Methode als idealer Förderer auf dem Gebiete der Naturheilkunde weiteste Verbreitung wünscht.

Die besten Ärzte in der Welt
Trotz aller Neider, Hasser,
Es sind im Bund treu gesellt,
Diät, Bewegung, Luft und Wasser.

Autor unbekannt

Richtig atmen und singen!
Ein Gebot der Notwendigkeit für die Gesundheit

Das größte Wunder der Schöpfung ist der Mensch! Im Menschen liegt verborgen aber noch ein größeres Wunder, die **Sprache** und die **Stimme**. Scheinbar so einfach, wunderbar und doch so sensibel, zeichnet sie den Menschen vor allen anderen Geschöpfen aus und ist ihm als kostbares Kleinod anvertraut worden. Was wären wir ohne Sprache und Stimme, wenn wir nur Laute wie die Tiere ausstoßen könnten, statt in durchgeistigten Tönen und Worten sie erklingen zu lassen, die so jedem einzelnen Menschen sein Gepräge geben. Aber, wer weiß sie zu schätzen, und wie wird dieses kostbare Gut oft behandelt? Die Griechen, die verstanden, die Schönheit des menschlichen Körpers durch Pflege zu veredeln und zur höchsten Blüte zu erziehen, waren es, die auch den Wert der menschlichen Stimme und Sprache erkannten und heranbildeten. Ich habe meine Atmungskurse mit einem kleinem Gesangskursus verbunden, da diese besondere Vokaltyp-Atmungsmethode sich eigentlich aus einer Gesangsmethode herausgebildet hat. Ich habe denn auch bei allen Krankheiten, ganz besonders aber bei Asthma, Kröpfen, Herz- und Nervenstörungen durch diese Gesangsübungen die schönsten Erfolge erzielt.

Viele Ärzte behaupten, dass in der Macht der Töne die Heilkraft für Seele und Körper liegt, und dass das Singen ein gutes Vorbeugungsmittel gegen Krankheiten, ganz besonders bei Lungen- und Nervenleiden sei.

Auf keinem Gebiet aller Kunst wird aber so viel gesündigt, wie gerade beim Gesang resp. in der Ton und Stimmbildung.

Ich selbst musste das leider auch verschiedentlich erfahren. Vielleicht war es ein Glück, denn ohne selbst durchgemacht zu haben, kann niemand die Gabe erreichen, jede Stimme bilden zu können, ob sie gesund oder krank ist, ganz gleich, ob viel oder wenig Material vorhanden ist. Das behaupte ich nach meinem gemachten, langjährigen Erfahrungen. Die meisten Leute meinen, sie gehen am besten zu dem Lehrer, der selbst am schönsten singt. Diese Meinung ist grundfalsch. Ich habe selbst erlebt, dass gerade die großen Sänger, die am schönsten singen, so gut wie nichts von Tonbildung verstehen und – warum? – Weil eben diese gottbegnadeten beneidenswerten Menschen die Gabe von Natur aus haben und darin nichts zu lernen brauchten. Aber was heißt das: Von Natur? Von Natur heißt, eben so begünstigt zu sein, dass alle Gänge, Resonanzräume frei sind, nicht verklebt, so dass man sich den Naturton erhalten konnte. Einer sehr bekannten großen Sängerin der Patti, war dieses Gottesgeschenk in die Wiege gelegt, sie war eine solche Natursängerin. So wusste sie auch über nichts Auskunft zu geben, wenn man sie fragte, wie sie es mache. Ihre Antwort war: „Je nén sais rien, ich weiß von nichts." Andere altitalienische Berühmtheiten, wie die Marchesi und die Todi, von denen man zuerst gar nicht viel erwartet hatte, haben durch ihren Fleiß und ihre Ausdauer alles erreicht. Günstige organische Vorbedingungen waren zuerst noch verborgen, wie es bei vielen Menschen der Fall ist. Wenn der Lehrer den Ton einzusetzen und gut zu führen weiß, so braucht das Studium für Tonbildung nicht länger als 1½ bis 2 Jahre zu dauern. Die schlechtesten Stimmen werden sogar schön. Ich hatte oft genug fleißige Schüler noch früher so weit gebracht und wurde dann gefragt: „Was haben Sie für eine Methode, dass es so schnell und erfolgreich geht mit Ihren Schülern?"

„Gar keine", war meine Antwort. „Ich suche den Naturton und habe die zielbewusste und geformte Atemhygiene von Leser-Lasario dabei, die den Menschen fähig macht, sich von den Fremdstoffen (Schlacken) zu befreien, damit die Resonanzgänge frei werden, was die Hauptsache ist!"

Was ich so oft lese, dass der Schüler mit der Anatomie vertraut werden müsse, halte ich nicht für nötig. Im Gegenteil, für den Schüler ist es sogar besser, je weniger er davon weiß, weil er nur irre wird und Experimente mit sich macht, und dadurch großes Unheil anrichten kann. So bekam ich einmal einen Schüler von einer Hochschule, dem gesagt wurde, er müsse den Kehlkopf zum Stellen hinunterdrücken. Er probierte die unglaublichsten Manöver, oft mit Schmerzen und dabei ist die Sache doch so einfach, dass beim Ausatmen sich der Kehlkopf von selbst stellt. Je tiefer das Zwerchfell steht, um so tiefer stellt sich der Kehlkopf ein. Daraus ersehen wir schon, wie ungeheuer wichtig die richtige Atmung für den Gesang ist. Zu meiner Gewissheit, dass ich mich in meiner Ansicht nicht getäuscht, fand ich die Bestätigung auch von Ärzten. So Schreibt Dr. Morell Mackenzi: „Das Leben des Gesanges mit Hilfe der Anatomie ist ein Unsinn, der den Schildbürgern Ehre machen würde."

Dr. Spieß sagt: „Ob wie wissen, wie die stimmbildenden Organe gebaut sind, und wie dieser ungemein komplizierte Mechanismus arbeitet oder nicht, kann uns für die Stimmbildung umso gleichgültiger sein, als die einzelnen, den Sprechapparat bildenden Muskelgruppen, unserem Willen fast ganz entzogen, rein automatisch arbeiten." Dr. Bukoszer schreibt: „Was den Schüler betrifft, so will mir ein automatisch-physiologisches Wissen für seine gesangs-technische Entwicklung geradezu gefahrvoll erscheinen", usw.

Deshalb ist das Wichtigste, dass der Gesanglehrer auch eine Atemhygiene mit dem Unterricht verbindet, damit der Mensch sich erst reinigen kann; denn nur aus einem gesunden Körper kann eine gesunde Stimme kommen. Ist das dem Sänger nicht möglich, wird er nie viel erreichen können und deshalb ist auch der Atem der wichtigste Faktor beim Gesang, weil er hilft, mittels der Durchblutung die Gifte auszuscheiden und so die verklebten Stellen aufzufangen und zu reinigen. Diese Beherrschung des vollkommenen Atems ist leider nur wenigen beschieden. Man findet sie meistens nur bei ganz hervorragenden Künstlern und Spezialisten von Fach. Es sollte aber die erste Bedingung eines guten Tonbildungsunterrichtes sein, dass der Lehrer davon versteht, denn denn nur dann kann der Schüler auch rasche Fortschritte machen. Man sagt wohl, es führen hundert Wege nach Rom, aber der eine muss immer derselbe sein, dass das Endziel des Sängers immer oben in Resonanz liegt. Vielleicht wird auch viele interessieren, wie ich mich zu den anderen Gesangsmethoden stelle. Manche meinen, die italienische Methode wäre besser. Andere wieder die deutsche. Im Grunde sind sie alle gleich, denn wir Menschen singen doch alle mit demselben Mechanismus, gebrauchen dieselben Organe. Wohl muss der Lehrer es verstehen jeden Schüler individuell zu behandeln, aber das hat mit der Methode nichts zu tun. Meine Ton- oder Stimmbildungsstunden oder Kurse geben jedem Schüler Gelegenheit, sich von allem Zwang der Methoden frei zu machen, denn es kann für mich nur eine Methode geben, die da heißt: „Zurück zur Natur!"

Es ist dem Schüler dadurch möglich, von der ersten Stunde an selbstständig zu arbeiten und das teure, viele Jahre lang dauernde Studium beim Lehrer kommt in Wegfall, vorausgesetzt, dass der Schüler gewissenhaft und fleißig auch alleine weiter übt. Es liegt dann nur an ihm, etwas zu erreichen.

Das ist besonders wertvoll, da die finanziellen Verhältnisse der Völker sich durch den Krieg sehr verschlechtert haben und es den meisten dadurch nicht mehr möglich ist, sich eine so teure Ausbildung zu leisten.

Demosthenes Worte: „Der Geist baut den Körper" kommen auch hier zu ihrem Rechte. Dieser Gedanke alles Hohen und Edlen der geistigen Einstellung erzeugt den Ton und gibt dem Sänger ein tiefes Erleben und er erkennt, wie ich auch dem Sportler gesagt habe, dass die höchste Leistung nur bei geringstem Kraftverbrauch möglich ist.

Dr. Imhofer sagt: „Ein Sänger, der stets beim Singen dem Prinzip des kleinen Kraftmaßes gehorcht, ermüdet so gut wie gar nicht. Im Gegenteil, je länger er singt, ein desto größeres Behagen empfindet er. Allerdings kann man solche Sänger, deren Stimmbandmuskulatur sich beim Singen im Zustande der idealen Koordination befindet, an den Fingern herzählen."

Jeder Mensch hat Stimme und sie ist bei richtiger Anleitung wohl zu machen, wenn der Schüler nicht ganz unintelligent ist, denn keine Stimme haben, hieße krank sein. Es bringen die Wenigsten viel Gutes mit in Atem, Material und Gehör. Dem begabten Tonbildungslehrer macht es aber gerade Freude, solche Stimmen herauszubringen. Tonbildung ist das schwierigste Lehrfach und Studium. Das sollte ein Jeder gleich bedenken. Man kann den Schüler nicht wie den Klavierschüler an ein fertiges Instrument setzen, sondern man muss sich dasselbe erst schaffen. Die meisten Lehrer verstehen eben nicht, den Ton einzusetzen, wie mir auch mal eine Sängerin gestand, die vierzig Jahre an der Oper war. Dann ist es meist Zufall, wenn der Sänger sich findet. Wenn sich die beiden Kontakte, der Einsatz der in den Resonanzen liegt, und der Atem gefunden haben, dann kann der Sänger sich erst ausleben. Denn was ist Singen: Klingende Luft und schwingende Seele und dieses seelische Sichausleben kann erst beginnen, wenn der Sänger mit der Luft zu spielen versteht. Der Atem muss dem Sänger zum Bewusstsein werden, das ist das große Geheimnis. Dann rührt der Gesang auch die innersten Saiten des Menschen wie keine andere Kunst.

Weil der Atem das wichtigste des ganzen Gesanges ist, beginne ich meinen Unterricht nie, ohne dem Schüler die hauptsächlichsten Übungen meiner so gut bewährten, von vielen Ärzten und Gesangsgrößen anerkannten Vokal-Atmung-Methode von Leser-Lasario beizubringen; sie ist, wie wir gehört haben, eine Innenatmungsmassage, die durch die psychische Vokalform Spannung und Entspannung im Körper auslöst, wodurch man die unwillkürlichen Organe wie Herz, Lunge, usw. jederzeit beeinflussen kann. Mit Gesang verbunden, bewirkt sie eine Innenhöchstmassage und sie ist dadurch auch ganz besonders für nervöse Menschen ein gutes Mittel, die Ruhe und das Gleichgewicht im Körper wieder herzustellen. Auch bei Kindern werden diese Atem- sowie Gesangsübungen, da sie leicht fasslich sind, die besten Resultate zeitigen, nicht nur auf den gesamten Organismus des Kindes, sondern vor allem auf die geistige Entwicklung und den Charakter. Ein Sänger wird, wenn er richtig atmet, niemals von Tuberkulose oder Asthma befallen. Kommt es vor, dann hat er seine Sünden zu büßen. Wir sehen daraus, dass richtiges Singen ein gutes Vorbeugungsmittel gegen Krankheiten ist und zur Gesundung verhilft. Etwas Gesangsstunden zu nehmen, ist darum, wie noch vielfach die Auffassung besteht, gar nicht als Luxus zu betrachten, sondern für jeden Menschen wertvoll, da allein schon durch das schlechte Sprechen die Nervenkräfte sehr abgenützt werden und man dadurch seiner Gesundheit sehr schadet.

Leider haben die wenigsten Leser eine Atemhygiene dabei, die im Stande ist, dort aufzusaugen und zu reinigen, wo durch nachlässige Atmung und Fehler gesündigt wurde. Mit der Gesundung des Körper gesunden auch Seele und Geist, die in keiner Kunst so eng verbunden sind.

Das Dichterwort: „Ein schönes Lied wischt den Staub vom Herzen", wird dann zur wahren Tatsache. Es ist wirklich traurig, dass die Menschen mit dem falschen Atem auch das schöne Singen verlernt haben. Dr. Weil sagt schon: „Singen und Sprechen kann ein jeder Mensch, aber das korrekte Singen und Sprechen muss gelernt sein, wie das Laufen des Kindes und es sollte eigentlich den Kindern in der Schule schon gelehrt werden." Die meisten Menschen wissen nicht einmal die Grundlage, auf der das schöne Singen beruht zur Erhaltung und Erhöhung der Gesundheit. Es ist eben eine geformte Atemhygiene, wie ich schon gesagt habe. Wir dürfen anschauen im Leben was wir wollen, wir werden alles geformt sehen. So geht es auch mit dem Atem, niemals wird eine „wilde" Atmung Ersatz bieten für eine richtig geformte. Singen ist nur Sprechen auf dem Atem und darum darf auch jeder Ton nur auf Kosten des Atems vergrößert werden. Geschieht es umgekehrt, dass der Ton auf Kosten des Tones vergrößert wird, so bringt dieses dem Sänger nicht Gesundheit, sondern als unausbleibliche Folge bald das Gegenteil. Durch Überanstrengung und unrichtigen Gebrauch der Muskeln und Organe werden Stauungen im Hals, Lähmung der Stimmbänder, in der Brust, ja sogar im Herzen verursacht, was alles oft genug das gänzliche Versagen der Stimme früher oder später bedingt. Das bedeutet für viele Menschen einen unersetzlichen Verlust. So aber aufgeben in allen Feinheiten einer solchen Innenatmung, verursacht in allen Zellen ein wahres neues Leben, das den Körper stärkt, massiert und reinigt.

Darum singe, wem Gesang gegeben! Man könnte Tausende von Zitaten anführen, die diese Kunst verherrlichen. Jeder ist berauscht, entzückt, eine schöne Stimme zu hören. Wie vielen könnte bei richtiger Schulung vergönnt sein, schön zu singen und wie wenigen ist es nur beschieden. Die Schuld daran liegt aber hauptsächlich noch darin, dass man den Entwicklungsprozess von naturalistischen Misstönen zu edlen Klangtönen abkürzen und sogleich schöne Töne haben will. Bedenke man doch die anderen Künste und nehme man sich ein Beispiel am Maler und Bildhauer. Ein Entstehen und Werden kann niemals von heute auf morgen vor sich gehen. Das ist ein ganzer Unsinn und wehe dem, der sich auf solches Studium einlässt. Es gehen dadurch gar oft begabte Sänger als Sterne auf, die aber ebenso rasch wieder verschwinden. Das bescheidenste Handwerk hat drei Jahre Lehrzeit. Ein besonderes gar schwieriges Kapitel bilden die Krisen. Wir haben schon gehört, dass alles im Leben Krisen auslöst, so auch die Ton- und Stimmbildung. Man geht gewöhnlich in der Aufregung zum Arzt, der nichts finden kann. Er ändert oft mit allen Medikamenten, und Experimenten nichts an dem unglücklichen Zustand, der dem Sänger natürlich sehr auf die Nerven geht. Es gibt in der Zeit des Studiums meistens Kopfkrisen, später Muskelkrisen und die begabtesten Sänger und Sängerinnen werden davon befallen.

Bei falscher Behandlung hat man denn auch schon manche schöne Stimme dahinsterben sehen. Bei richtiger Schulung hätte sie wieder gesunden können. Diese Krisen können länger oder kürzer sein. Man ist in dieser Krisenzeit täglich anders zum Singen veranlagt, bald hoch, bald tief, bald heiser, bald reiner usw.; aber wer fleißig ist, wird schnell davon befreit sein. Meine Schüler sind durch die gute Atmung weniger derselben ausgesetzt. Ich muss dem Sänger nun zurufen: „Atme für deine Stimme!" Man kann die Stimme gut mit einer Pflanze vergleichen, die eben so wenig sogleich groß ist; sie muss auch erst wachsen und blühen, also Stadien durchmachen, bis sie sich voll entfalten kann. Es geht mit allem im Leben so; man muss erst hineinwachsen. Warum soll es mit dem kostbaren Schatz der Stimme anders sein?

Wir sehen also, dass der Atem auch für den Gesang der wichtigste Faktor ist. Ohne ihn kann kein Ton „tragen", noch ein Tonspinnen oder ein Belcanto möglich sein. Vielmehr bleibt der Ton klein; wird er aber bei falscher Übung groß, kann die Sache gefährlich werden.

Die Menschen, die singen, haben stets ein frohes Gemüt als andere, weil durch das Singen eine Innenhöchstmassage im Körper ausgelöst wird, wodurch sie sich entspannen.

Sei mit der Wahl deines Lehrers zum Gesang nicht gleichgültig. Bedenke, wem du dich anvertraust, und dass du ihm ein dir kostbares Gut in die Hände legst. Erschrecke nicht, wenn du zuerst ganz leise singen musst und der Ton ganz klein erscheint. Aus diesem kleinen Tönchen kann sich einzig und allein der große Ton entwickeln, der eine Kraft und Dauerhaftigkeit besitzt, so dass der Sänger auch später nicht vor der größten Aufgabe zurückzuschrecken braucht. Wer die Tonbildungsstunde mit Schreien beginnt, ist gerichtet. Der Sänger wird bald das Studium einstellen. Man fängt in der bequemen Lage, das ist die Mittellage, mit einem Ton an, dann immer mehr Töne dazu nehmend. Da ist die Hauptsache, dem Schüler seinen Ansatz leichtfasslich erklären zu können. Das ist das Schwerste, da jeder individuell behandelt sein muss und man niemals in der Tonbildung schablonenhaft alles über einen Leisten behandeln darf. Es wird leider vielfach verwechselt und besonders bei Laien, dass Tonbildungsstunde und Gesangstunde zweierlei sind. Eine Tonbildungsstunde, besagt schon das Wort, ist eine Stunde, in der man lernt Töne bilden; dagegen ist eine Gesangsstunde eine Stunde, in der man Lieder, Arien singen kann, vorausgesetzt, dass man die Tonbildung schon inne hat; denn sonst können die Gesangsstunden mehr schaden als nützen. Das ist eben, was viele Lehrer nicht verstehen. Es kommt auf das heilige „Wie" an. Tonbildung lehren, ist eigentlich nicht zu erlernen; diese Gabe muss dem Lehrer von innen heraus gegeben sein; sie hängt viel vom feinen Gehörsinn ab.

Viele Gesangsdirektoren klagten mir schon darüber, dass die Sänger den Mund nicht aufmachten. Ich antwortete, ja, die Armen können es nicht. Sie sind verklebt und dazu muss eben der Atem wieder helfen, dies zu beseitigen. Es kommt bei richtiger Anleitung dann nur auf den Schüler selbst an, ob er bald Freude an seiner Stimme haben kann, denn es heißt auch da: „Anfangen ist leicht, beharren ist die Kunst!" Oder: „Ohne Fleiß kein Preis!" Es sollte darum kein Mensch das Studium beginnen, der nicht Ausdauer und Liebe zur Sache hat, insbesondere, wenn man den Beruf des Konzert- oder Bühnensängers wählen will. Dieses Studium ist ein dornenvoller Weg, aber dem Fleißigen winkt doch die Krone, sich bald für ihre Mühe belohnt zu sehen. Es ist sehr zu begrüßen, dass überall Gesangsvereine gegründet und gut besucht werden; doch sollten diese mehr Wert auf den Atem legen. Sie sollten schon deshalb darauf achten, weil die meisten Menschen keinen richtigen Atem haben und so zum forcieren gezwungen werden, was dem Sänger nicht nur stimmlich, sondern auch körperlich großen Schaden bringt. Ein solches Singen ist kein Singen für die Gesundheit, und die wohltuende Wirkung verspürt er nicht.

Mögen darum auch diese Vereine sich zu diesem einzig richtigen Weg bekennen, damit sie gleich einem Samenkorn blühen und zu einem Baume wachsen, der reiche Früchte trägt zu des Volkes körperlichem und geistigem Wohle.

Ich hoffe, dass auch diese wenigen Zeilen vom Gesang etwas zur Aufklärung beigetragen haben; wenn sie verstanden wurden. Es soll mich freuen, wenn jedermann meine Gefühle teilen kann, die ich aus meinem Innersten nachstehend zum Ausdruck bringe:

Du hohe Kunst, in der ich einzig lebe,
In höchster Freud, in tiefstem Schmerz,
In der ich juble, in der ich bebe,
Erfülle stets mein sehnend Herz!
Du hebst empor mich aus des Alltags Plagen
In Sphären, wo nur Lieb und Schönheit weht.
Du bist in allen meinen Lebenslagen
Mir Trost und Segen spendendes Gebet

Ein kleines Lied, wie geht's nur an,
Dass man so lieb es haben kann.
Was liegt darin? Erzähle!
Es liegt darin ein wenig Klang,
Ein wenig Wohllaut und Gesang
Und eine ganze Seele –
In C-Dur naive Einfalt, stille Größe weht
Ich hör´ es auch in Es-Dur

Wie Andacht, Liebe und Gebet.

Frau Herwig gewidmet in Begeisterung
zum Liedchen „Lebensharmonie"

Berlin, Januar 1927

Weitere Bücher aus dem Christof Uiberreiter Verlag:

Das goldene Blatt der Weisheit
Seila Orienta/Franz Bardon

Zum ersten Mal in der okkulten Literatur wird die 4. Tarotkarte des Hermes Trismegistos verständlich beschrieben und offengelegt. Sie beinhaltet unbekannte Konzentrations- und Meditationsübungen. Des Weiteren gibt sie Hinweise und erklärt die Unterschiede zwischen Magie und Mystik und Gefahren des einseitigen Weges. Am Ende steht die Verbindung mit der universellen Gottheit, dem Herrn der Sonnensphäre, welcher quabbalistisch „Metatron" genannt wird.

*

5. Tarotkarte – Mysterien des Steins der Weisen
Seila Orienta/Franz Bardon

Dieses Buch stellt die Vorderseite der Alchemie dar, die die einzelnen praktischen Übungsschritte erklärt, ohne die verschlüsselten Mystifikationen der alten Alchemisten auch nur annähernd zu erwähnen, wie man es aus den anderen Büchern des Franz Bardon kennt. Es wird erklärt, dass ohne vollkommene Beherrschung der 4 Elemente keine Alchemie möglich ist. Des Weiteren wird mit den einzelnen Ebenen, mit den Matrizen, dem elektromagnetischen Fluid usw. gearbeitet. Doch der Hauptpunkt stellen die göttlichen Eigenschaften wie z. B. die Allmacht dar, mit denen der Göttliche Stein der Weisen durch gewisse Übungen geladen wird.

*

Talismanologie und Mantramkunde
Seila Orienta/Franz Bardon

Zum ersten Mal werden hier (magisch) geladene Mantrams – Gebetssätze – preisgegeben, welche bei nötiger Reife, Ausgeglichenheit und Reinheit durchdringende Erfolge versprechen. Mantrams sind ja nach Bardon nicht irgendwelche „Suggestionssätze", sondern sie sind Ideenausdrücke, mit denen man mit Mächten, Kräften, Eigenschaften, also Gottheiten, in Verbindung kommen kann. Gleichzeitig werden die dazugehörigen Siegelzeichen der göttlichen Ideen preisgegeben, welche im rituellen

Zusammenhang mit den Mantrams stehen. Ein Buch, dass nicht nur die Hermetiker sondern auch die Anhänger der Yogawissenschaften inspirieren wird!

*

Eine Sammlung der schönsten und lehrreichsten Beschwörungsgeschichten
Hohenstätten

Dieses Buch ist einzigartig, denn es zeigt den zweiten Band von Franz Bardon an Hand von interessanten Evokationsberichten, die genau das bestätigen, was Bardon in seinem Buch geschrieben hat, und noch darüber hinaus. Es werden sensationelle Erlebnisse geschildert, die man sonst niemals findet. Auch aus unveröffentlichten Schriften wird zitiert.

*

Verkörperungen des Meister Arion
Hohenstätten

Man wird beim Lesen dieses Buches nicht glauben, wie viele bekannte und unbekannte Inkarnationen Franz Bardon hatte. Die paar, die im „Frabato" bekannt gegeben wurden, stellen nur einen geringen Teil seiner Verkörperungen dar. Wir mussten, da es dermaßen wenig Literatur über die Verkörperungen gab, wieder hunderte und aberhunderte von Büchern, Aufsätzen, Zeitschriften und Artikeln durcharbeiten, bis wir genügend Material für dieses Buch hatten. Aber der Leser wird sich beim Lesen sicherlich über unsere Arbeit freuen, denn sie wird ihn in Erstaunen versetzen!

*

Shamballa, der goldene Tempel des Lichts
Hohenstätten

Dieser Tempel dürfte jeden Leser von Bardons Roman „Frabato" fasziniert haben. Dass es aber in der okkulten Literatur noch viel mehr Informationen darüber gibt, die man aber nur findet, wenn man alles Veröffentlichte gelesen hat, dürfte dem einen oder anderen unbekannt sein. Es wurden wieder ganze Stöße von Büchern durchgesehen und das Ergebnis wird hier veröffentlicht. Es wird aber gleichzeitig darauf hingewiesen, wie viel Schundliteratur es darüber gibt, wie viel Lügen im Umlauf sind, damit sich der Schüler der Hermetik ein klares Bild machen kann. Wir bringen in diesem Buch alles, was wir an Material darüber gefunden haben und es wird auch noch einiges aus der eigenen Erfahrung, was das Wertvollste ist, mitgeteilt. Nicht nur über den Tempel wird berichtet, sondern auch über die damit verbundene „Bruderschaft des Lichts", dessen Sitz er darstellt.

*

Auf der Suche nach Meister Arion
Hohenstätten

Diese Autobiographie eines Schüler der Hermetik des Franz Bardon schildert sein magische Leben, in welcher zahlreiche Erfahrungen zu den Übungen aus dem Adepten geschildert werden, die die Haupt- person selbst erlebt hat. Es wird der schwere Weg des Adepten aus autobiographischer Sicht gezeigt, seine vielen Tiefschläge, aber auch seine glanzvollen Seiten und Zeiten. Der harte Kampf mit dem Seelenspiegel wird bis in alle Einzelheiten aufgezeigt, genauso wie die vielen anderen Wege, in welche der Autor reinschnupperte um dadurch reichlich Erfahrung sammeln zu können. Darüber hinaus enthält es unzählige Erfahrungen und Berichte betreffs Mantramistik nach Bardon, die wahre Runenmagie, zahlreiche Evokationen sowie Invokationen mit seinem Lehrer Anion, einen magischen Exorzismus, wie er bisher noch nie öffentlich geschildert wurde. Mentalreisen, Beeinflussungen, Übungen zur Gottverbundenheit, Erscheinungen, Alchemie, Heilungen mit den verschiedensten magischen Methoden z. B. Quabbalah oder durch die Elemente, Schutzgeist- evokationen und viele andere magische „Wunder" seines Freundes und Lehrers Anion. Auch einige magische Fotos in Farbe, ein bisher von Bardon unveröffentlichtes Akashafoto von Christus und ein Bild des schwebenden Meister Arion werden in diesem Buch preisgegeben. Der Inhalt ist viel reichlicher, als hier kurz beschrieben werden kann.

*

Magisches Gleichgewicht
Hohenstätten

Dieses Buch zeigt eindeutig, dass in allen anderen Systemen das „Gleichgewicht" genauso gebraucht wird, wie bei Bardons Werken. Er war nicht der einzige, der das erwähnte, aber er war der erste, welche es deutlich erklärte, denn die anderen Systeme sprachen nur durch das Symbol, welches nicht jedem Leser verständlich war. Obendrein bringen wir noch unveröffentlichtes vom Meister Arion zu dieser Grundlage der magischen Entwicklung.

*

Das Leben und die Erfahrungen eines wahren Hermetikers
Seila Orienta

Diese Autobiographie eines Magiers ist unübertroffen, denn bis jetzt hat kein einziger, okkult Geschulter, so offen und ehrlich gesprochen wie Seila Orienta. Er gibt in diesem Werk sein Leben bekannt, sowie seine zahlreichen und äußerst interessanten Erlebnisse und Erfahrungen. Es werden auch zum ersten Mal Fotos von Wesen der Sphären gezeigt, welche Franz Bardon höchstpersönlich in den 20ern gemacht hat. Des Weiteren schreibt Seila Orienta über die Sphären, über Dämonen, Logenkontakte und vieles vieles mehr, was einem ehrlich strebenden Hermetiker das Herz übergehen lassen wird.

*

Das Leben des Franz Bardon
Hohenstätten

Dieses Buch beschreibt das Leben des Meisters außerhalb des Frabatos, welches seine Sekretärin – Otti V. – geschrieben hat. Es beinhaltet Erklärungen zu seiner „Biografie", weitere Einzelheiten über den Kampf mit der FOGC, seine Beziehung zu Wilhelm Quintscher und anderen Okkultisten, was alles bisher unbekannt war! Des Weiteren werden viele Erlebnisse seiner Schüler in Prag erzählt, verschiedene magische Leistungen und interessante Geschichten Bardons beschrieben, die bis dato unveröffentlicht sind. Es werden auch seine drei Lehrwerke und deren Wirkung auf die Öffentlichkeit von einem anderen, unbekannten Standpunkt geschildert, welcher durch bisher schwer zugänglichen Schriften unterstützt wird. Als Krönung wird seine aus dem tschechischen übersetzte „Runenschrift" zum ersten Mal veröffentlicht. Auch einige Seiten aus anderen unveröffentlichten Schriften von ihm sowie interessante Fotos des Meister Bardon und seiner Freunde werden hier Preis gegeben und vieles, vieles mehr.

*

In Verbindung mit der Gottheit
Hohenstätten

Über das Thema der Gottverbundenheit mit all seinen Formen und

Methoden wurde bis heute noch nie ein Buch verfasst geschweige denn eine Schrift geschrieben. Man findet in der okkulten wie in der östlichen Literatur nur spärliche Hinweise, die größtenteils verschlüsselt sind oder so geschrieben wurden, dass man sie kaum versteht. Im Gegensatz dazu wird in diesem Buch offen dargelegt, dass das 1. kleine Arkanum der 78 Tarotkarten die Gottverbundenheit in ihrer Reinform darstellt.

*

Hermetische Heilmethoden
Hohenstätten

Dieses Buch stellt in der okkulten Literatur ein absolutes Unikum dar, denn über die Gesamtheit der okkulten Heilmethoden wurde bis jetzt noch NIE etwas sinnvolles geschrieben. Es werden alle Heilmethoden erwähnt, die der hermetische Schüler mit Hilfe seiner bisher erlangten Konzentrationsfähigkeit ausüben und verwenden kann.

*

Erste hermetische Zeitschrift

„Der hermetische Bund teilt mit" ist eine der wenigen magisch-mystischen Zeitschriften, welche sich soweit als möglich auf die universelle Lehre von Franz Bardon bezieht. Sie versucht sich an die Gesetze des 4-poligen Magneten zu halten und vermittelt Wissen sowie Hinweise für die Praxis, damit der Leser die Möglichkeit hat, sie in seinen hermetischen Weg aufzunehmen und für sich gewinnbringend zu verarbeiten.

Noch viel mehr hermetische Literatur finden Sie auf unserer Website: http://www.hermetischer-bund.com.

Viel Vergnügen beim Stöbern!

Der Verlag